壹嘉·読道书系

-为简体中文阅读留存一些有价值的文本-

联合出版

徐方

1954 年生于北京。1969 年随母亲张纯音下放河南息县中国科学院哲学社会科学部"五七"干校。1977 年考取兰州大学外语系，1982 年毕业分配至北京。先后从事英语教学和特殊教育研究工作。1994 年移居日本。1996 年至 2010 年任日本一桥大学讲师。近年撰写多篇回忆文章，先后发表在《博览群书》《老照片》《温故》等刊物上。

我所认识的顾准

徐方／著

出壹嘉版 × 読道社

壹嘉出版

1 Plus Books

https://1plusbooks.com

読道社

https://yomimichi.com/

作者：徐方

书名：我所认识的顾准

Copyright © 2025 by徐方/Xu Fang

2025 1 Plus Books®壹嘉出版®

Paperback Edition

Published and Printed in the United States of America

ISBN: 978-1-966814-21-4

出版人：刘雁

定价：＄23.99

San Francisco, USA, 2025

https://1plusbooks.com

email: 1plus@1plusbooks.com

目录

2

第二部分

追忆顾准

序

丁东

2024 年 12 月 3 日，是顾准逝世 50 周年。2025 年 7 月 1 日，是顾准诞辰 110 周年。顾准是 20 世纪 50 年代到 70 年代中国最卓越的思想家。在中国转型的艰难进程中，他的精神遗产，得到了无数志士仁人的高度评价，至今仍然给追求文明、向往现代化的人们以多方面的启迪。

半个世纪以来，评说顾准的文字，不绝如缕。有专著，有论文，有散文随笔，有纪录片等影视作品。但大部作品是通过阅读二手资料生发而成。真正出自与顾准有交往者之手，能够提供独家细节的作品，却是有限的。其中与顾准有深交者，则更属珍稀。本书的作者徐方，和顾准相差 39 岁，却是顾准的忘年交。读道社能够在此刻出版徐方所著的《我所认识的顾准》一书，无疑具有特殊的意义。

本书是徐方在《干校札记》一书基础上大幅增订完成的新著。徐方说，顾准是她家两代人的良师益友。她的母亲张纯音，和顾准是中国科学院经济研究所同事。文革开始后，身为专政对象的顾准，处境极为艰难，得到了张纯音的理解和同情。1969 年，张纯音带着女儿下放地处河南信阳的中国科学院哲学社会科学部五七干校，让15岁的徐方拜顾准为师。此后五年间，徐方从顾准处获得了宝贵的人生教益。同时让病中的顾准，得到莫大的心灵安慰。这段往事，已经成为当代思想史上的佳话。

顾准逝世以后，张纯音和徐方都曾著文缅怀顾准。2014年，徐方完成《干校札记》一书，出版后得到好评。但是，囿于中国特色的出版环境，有的内容不便畅所欲言，呈现的面貌并非完璧。这次徐方得以尽情补充，弥补了从前的遗憾。

书中新增的北京学部大院和经济所三家村的篇什，讲述了干校以外的内容，有助于丰富读者对顾准的理解。顾准的存在，不是孤立的现象。中国科学院哲学社会科学部，包括其中的经济研究所，都是藏龙卧虎之地，汇集了一批中国的硕学鸿儒、学术精英。在特殊年代，中国一流专家不能施展其所长，陷入无休止政治运动，虚掷光阴，遭受煎熬。漫漫长夜，有人给过顾准激励、支持、帮助，有人给过顾准伤害。这都是产生思想家的时代背景。徐方的相关叙述，弥足珍贵。

我和徐方相识，已经超过四分之一个世纪。1997年，我与陈敏之先生编辑《顾准日记》，收入了她1974年写给顾准的一封信。书出版后，我送徐方一册样书。她当时在日本一桥大学教授汉语，假期回北京探亲，来我家见了面。我和她交谈后，知道她掌握很多鲜为人知的细节，于是提议她写文章，她很快写成《两代人的良师益友》一文。我觉得，她文笔流畅，叙事生动，目光犀利，感情真挚，驾驭复杂精神现象十分从容。先推荐到《博览群书》发表，又收入《顾准寻思录》

一书。后来，她又向我说起干校的许多见闻，我建议她接着写。她完成了一篇三万多字的文章。我交冯克力，在《温故》发表。她又写了几篇相关文章，合在一起，形成《干校札记》一书。我介绍她联系广东人民出版社总策划向继东，很快付梓。今年，她又接受我的建议，再度耕耘，完成《我所认识的顾准》一书。

新书出版之际，我谨表示衷心的祝贺。

2024 年 9 月

自序

1974年12月3日凌晨，北风呼号，天降大雪。一代思想家顾准，带着对这个世界的无比眷恋，对未竟事业的无限遗憾，离开了我们。

回想顾准生活的年代，以及他身后的半个世纪，中国发生了翻天覆地的变化。在这一时代背景下回望顾准，人们愈发认识到他是一位非常了不起的思想家，是荒谬年代的先知。他那些高屋建瓴的观点，当时非常具有前瞻性，至今仍富有生命力，一点儿也不过时。

笔者是通过母亲张纯音认识顾准的。母亲生前是中国科学院哲学社会科学部（中国社会科学院前身）经济研究所研究员，与顾准是同事。她是个仗义豪侠的人，交友只看重两条：一是德；二是才，绝不因朋友的荣辱升降而有所改变。她曾开玩笑说："我一生都在筛选朋友，而且用的那把筛子网眼儿特别细密，因此朋友个个都人品好、学问高。"在母亲众多的朋友当中，顾准无疑是最杰出的一位。

母亲与顾准相识于1962年。顾于1957年被打成"右派"后，下放到农村"劳动改造"。在河南省商城县，他经历了惨绝人寰的大饥荒，差点儿被饿死。1962年，摘帽后的顾准，应时任经济研究所所长孙冶方的邀请，第二次到经济所工作，被安排在政治经济学组，而我母亲刚好是这个组的成员之一。她与顾准最初的交往颇有戏剧性，可谓不打不相识。然而通过接触，她逐渐认识到顾准这个人非同凡响。他那超人的才华与刚直不阿的品格，令母亲折服，于是跟他成为好友，直至他离世。2015年，笔者撰写了《母亲张纯音与顾准伯伯的交往》一文，发表在《老照片》杂志第95辑。该文详细讲述了这个故事，朋友们读后都说深受感动。

1969年，"文革"到了第四个年头。当时全国响应毛泽东的"五七指示"，大办干校。经济所被"连锅端"下放到河南息县，我随母亲一同前往，在那里认识了顾准伯伯。当时的我只有15岁，从跟他相识、相知，到他去世，有整整五年的时间。而这五年，恰恰是我人生中最重要的阶段。顾伯伯像对待自己的孩子那样关心、指点我，使我从一个不谙世事的少年，一步步成熟起来，人生观逐渐定型，从而受益终生。

就在去干校的几天前，顾准才获悉与他相濡以沫几十年的妻子汪璧已自杀身亡，而大女儿又拒绝与他见面，精神上遭受到严重打击。

干校初期，生活异常艰苦。当时极左思潮一浪高过一浪，知识分子的社会地位急剧下降。作为全国唯一曾两度戴上"右派"帽子的"阶级敌人"，顾准在干校的处境格外悲惨。他患有严重的肺气肿（或许肺部已有早期癌变），经常发低烧，痰中带血，却被迫在干校劳改队干诸如抬土、脱坯、起猪圈等最繁重的体力劳动，还时不时要挨斗。母亲对此深感忧虑，担心他熬不过这艰难的日子。为了让我和她一起照顾这位老朋友，悄悄向我讲述了顾准的人品、学识，以及他遭遇的种种不幸。听到这些，我特别同情。为了使他的身体状况不进一步恶化，偷偷给他送些从北京带来的奶粉、肉罐头之类的食品。而他则趁没人的时候建议我自学数理化，并从旁给予了很多指导。自从跟顾准伯伯成为忘年交，我各方面都有了长足的进步。凡此种种，笔者在《干校札记》和《我所认识的顾准》两篇文章中有详细记述。

即使在那样严酷的环境下，顾准并没有停止思考。1970年初，他在《息县日记》中写道："决心在五七干校一面劳动，一面继续观察思考和研究。……一个人，用全部生命写出来的东西，并非无聊文人的无病呻吟，那应该是铭刻在脑袋中，溶化在血液里的东西。"刚到干校没几天，他就在日记中提出这样的预言："今后三十年，我国如果不断以跃进步伐发展经济，全国有半数以至2/3人口进入城市经济，粮价要调整了，外贸要占领世界市场，50-60年代暴发户的日本要沦为今天的英国，这是64-68年间逐步设想过的。""今后若干年，我国将独占世界棉纺织品的出口——也许还包括棉纺织设备的出口。这件事本身的意义未必能够过于夸大，因为世界贸易中棉纺织品的位置已经远不如四五十年以前了。但是，这显然是中国在经济上雄飞世界的开始……"[1]

就在他说这话的8年后，中国实行了改革开放政策，顾准当年的预言一一变为现实，足见他目光之远大。

上世纪50年代中期至60年代初期，中国经济学界对社会主义条件下商品和价值规律问题展开了一场大讨论。顾准经过深入研究，发现在计划经济体制下，价值规律已经起不到调节作用，由此产生了很多问题。他认为商品货币和价值规律在社会主义经济中可以调节生产，第一个提出计划体制根本不可能完全消灭商品货币关系和价值规律，强调企业要有自主独立的成本核算制度。为此，他于1957年发表了《试

1　顾准《顾准日记》，陈敏之／丁东编，经济日报出版社，1997年

论社会主义制度下商品生产和价值规律》一文。顾准的观点，今天看来只是常识，在当年却被视为离经叛道。一顶"右派分子"的帽子，狠狠扣在了他的头上。

剩余价值学说，是马克思主义经济思想的核心部分。由于其存在种种自相矛盾之处，已被现代经济学所抛弃。唯有中国某些人至今还死抱着不放。相比顾准，当年他在经济研究所的两位挚友——著名经济学家孙冶方和骆耕漠，虽倾其一生不懈钻研，并在有生之年见证了中国的改革开放。然而，他们的学术观点，却仍或多或少受到马克思主义经济学的束缚，很是悲哀。为此，笔者撰写了《经济所"三家村"》，记录了顾准、孙冶方、骆耕漠这三个老朋友间的深厚友情，以及他们在学术观点上都有哪些相同与不同之处。

1973 年，我母亲在跟顾准的一次谈话中问他："你年轻时抛弃优渥的物质生活，冒着生命危险参加革命。如今看到'革命'成功后，建立的却是专制独裁政权，政治运动不断，最后发展到'文革'这一步，感到后悔吗？"顾准斩钉截铁地回答："不后悔，我的眼睛永远向前看。正是因为经历了这一切，才更要总结经验，提出问题，探索人类未来的道路该如何走。"

顾准的研究远不止于经济学，还广泛涉及政治、历史、哲学、宗教等多个领域。

世上最了解顾准的，莫过于他的胞弟陈敏之。他说："纵观顾准的一生，他最大的贡献在于他坚决地、义无反顾地从理想主义走出来，走到经验主义去。用他的话来说'我自己也是这样信过来的（指革命的理想主义）。然而，当今天的人们以烈士的名义，把革命的理想主义，转变为保守的、反动的专制主义的时候，我坚决地走上彻底经验主义、

多元主义的立场，要为反对这种专制主义而奋斗到底。'" [1]

这是何等振聋发聩的呐喊！

顾准从未因自己后半生坎坷、悲惨的遭遇而怨天尤人，他的精神是入世的。他说："我的宗旨在于'为人类服务'"。为了中华民族和全人类的未来，他立志做一个"用鲜血做墨水的笔杆子"。顾准的确实现了这一诺言，用自己的鲜血写下了掷地有声的篇章，至死方休。

笔者在干校及学部迁回北京后的 9 年当中，除有幸认识顾准，还近距离接触到一大批中国社会科学顶尖学者，他们都是顾准同时代的学人。为了给历史存证，我还写了《另类大院儿的故事》《跟陈翰笙学英语》《我所认识的孙家琇》等几篇回忆文。读者通过了解那一代知识分子的心路历程，可进一步理解顾准思想产生的时代背景。

2014 年秋，我请当年一起下干校的吴敬琏先生为《干校札记》一书作序。他读过书稿后非常高兴，欣然应允。然而经过七个月的漫长等待，序言却迟迟未写完。我知道他很忙，不好意思催促。直到次年 4 月收到序言后，我才惊讶地发现，这篇文字竟分为八节，长达一万两千多字！

我跟原经济所所长赵人伟先生谈到这篇序言，他说这不奇怪，吴敬琏有一肚子话没地方讲。为你的书作序，正好给他提供了这样一个契机。是啊，多年来吴敬琏的社会定位是经济学家，无论是写作还是演讲，大多围绕着经济议题展开。然而，他对政治、历史，以及新中国成立后出现的诸多问题之看法，却鲜少有机会表达，或受限于国内

1　陈敏之《我所知道的顾准与"三反"》，《顾准日记》，陈敏之/丁东编，经济日报出版社，1997 年

政治环境不便表达。

仔细阅读序言，看得出作者为写这篇文字下了很大功夫，不但对"五七干校"这个怪胎产生的历史背景作了详细介绍，还深入剖析了毛泽东当年要求大办"干校"的思想动机，即在现实社会中做一个"天国"实验。用毛本人的话来讲，就是"一个共产主义社会未来的萌芽"。从中"也许能看到共产主义社会的曙光。"这是我所见到的对"五七干校"这一事物最准确的描述和最精准的历史定位。

吴敬琏还介绍了他如何通过与顾准交往，逐渐改变了自己的世界观、人生观。干校后期，吴叔叔被打成"五一六分子"，关进劳改队。人世间总是福祸相倚，遭到厄运的他，却意外得到与顾准朝夕相处的机会。后者劝他不要再纠缠于派系斗争："你们那时革命呀，造反呀，不过是别人手中的棋子。"还对他说："要把中国的事情弄清楚，首先得学习世界文化史、宗教史、经济史、政治史，对整个人类各种思想源流作一番梳理。然后回过头来，对照分析中国的问题和探索人类的未来发展，才容易看得清楚。"于是，吴敬琏追随顾准，从希腊史开始漫游世界历史，尝试回答"娜拉出走后会怎样"（即革命胜利取得政权以后，政治和经济向何处去）等一系列根本性问题。

2016 年初，笔者出版了《干校札记》一书。该书经过数次加印，当下已不大可能再印。为了使更多读者了解那本书的内容，同时也希望自己能有一个不受约束、畅所欲言的写作机会，我在《干校札记》的基础上作了大幅修订，增加了 5 万多字，其中包括新写的两篇回忆文《经济所"三家村"》和《另类大院儿的故事》。读者可将这本《我所认识的顾准》视作《干校札记》一书的增订版。

众所周知，中国有极其严格的出版审查制度，很多内容在《干校札记》中都不能写或被迫删除。如：顾准对毛泽东的看法；对如何解决台湾问题的看法；对中日关系的看法等。以及到底是谁，利用1952年的"三反、五反"运动公报私仇，以莫须有的罪名把顾准整倒。凡此种种本书都有明确的交代。

为了写这本书，笔者找出珍藏了五十年的顾准留给我和母亲的遗物，并一一为这些东西拍照，呈现给读者。其中包括：顾伯伯写给我的信、给母亲批改翻译作业后写的意见，他的遗藏《新约全书》（圣经）、《不完全竞争经济学》，以及他的相册、照片、证件、钢笔、咖啡勺、多用刀等遗物。希望在我有生之年，为这些珍贵文物找到一个妥善的保存之处，供后人永久怀念顾准——这位中国黑暗年代杰出的思想家。

徐方 2024 年 12 月于东京

1

第一部分

干校札记

回望干校年代

——《干校札记》序

一

1969 年 11 月，中国科学院哲学社会科学部（1958 年，中国科学院的这个哲学社会科学部划归中共中央宣传部直接领导，因此社会上通常把它简称为"学部"）全体员工和家属分批下放"五七干校"。两千多位学者，其中包括数百位中国顶级学者，根据"扎根农村"、"滚一身泥巴"的要求，来到河南信阳专区农村。先在息县，后在明港经历了"史无前例"的"文革"历史事变。

学部外国文学研究所研究员杨绛先生，在 1981 年出版了一本《干校六记》，记述她在学部干校经历的往事。这本书三十多年来一直脍炙人口，备受经历过"文革"动乱和没有经历"文革"，但想一窥究竟的人们喜爱。不过，钱锺书先生在为这本书写的"小引"里指出，《干校六记》对干校生活的记述还有所不足，如果说沈复的《浮生六记》"仅存四记",那么,杨绛的《干校六记》就"应为七记",因为漏记了参加政治运动的感受。他希望有那么一天,"缺掉的篇章会被陆续发现,补足填满,稍微减少了人世间的缺陷"。

的确,学部干校发生的许多事情,都值得认真记录和深入研究。但这样的书在《干校六记》之后迟迟没有出现。所以,当徐方拿来《干校札记》书稿时,我感到十分高兴,因为终于又有了一部关于学部干校的新书,记录我们所经历的历史事变,可供后世追索研究。

徐方的《干校札记》还有一个地方与其他有关"干校"的回忆不同。她跟她的妈妈、也就是我在学部经济研究所的同事张纯音来到干校时,还是童心未泯、较少受到政治灌输污染的少年。所以,这本书既不是从"五七战士"的视角,也不是从政治运动的参加者的视角去描述干校生活,而是用一个少年人的眼光去观察非常特殊的环境下成年人的活动。常常能够在成年人习以为常的事物中,看出异于常理之处,因而弥足珍贵。

二

"五七干校"得名于毛泽东的"五七指示",也就是他在 1966 年 5 月 7 日审阅"中国人民解放军总后勤部关于进一步搞好部队农副业生产报告"后写给林彪的信。在这封信里,毛泽东要求全国各行业的所有单位都要像部队一样,办成亦工亦农、亦文亦武的"大学校"。在这个"大学校"里,部队、工人、农民、知识分子、党政机关工作人员都要以一业为主，兼学别样，"学政治、学军事、学文化，又能从事农副业生产"，也要创办工厂，生产产品，还要"随时参加批判资产阶级的文化革命斗争"。[1]

这封信写于"无产阶级文化大革命"正式发动时期。如果说毛泽东发动"文革"除解决领导集团人事问题外，还有建设他心目中的理想社会的目的，那么，兴办"五七干校"可说是这个宏大计划的重要组成部分。据亲聆毛泽东讲解"五七指示"的前中央文革小组成员戚本禹说，毛泽东认为解放军总后勤部总结的经验，就是"一个共产主义社会未来的萌芽"。从中"也许能看到共产主义社会的曙光。"[2]。

"五七指示"绘出的蓝图，让人想起毛泽东8年前建立的"政社合一、工农商学兵五位一体"的人民公社。在他的一手推动下，在1958年的两三个月的时间内，中国农村由高级生产合作社过渡到了人民公社。随后，《中共中央关于在农村建立人民公社的决议》指出，人民公社"将发展成为共产主义社会的基层单位"；由于人民公社制度的出现，"共产主义在我国的实现，已经不是什么遥远将来的事情了"。

"五七指示"和人民公社的制度设计，和马克思、恩格斯对共产主义社会的设想很不相同。马克思和恩格斯强调的是：共产主义社会将是一个"自由人联合体"，"在那里，每个人的自由发展是一切人

---

1 毛泽东：《对后勤部关于进一步搞好部队农副业生产报告的批语》（1966年5月7日），载《建国以来毛泽东文稿》第十二册，北京：中央文献出版社，1998年，第53–54页

2 戚本禹：《亲聆毛主席讲"五七指示"》，共识网2013年12月24日

自由发展的条件"[1]。政社合一和工农兵学商一体化的社会组织和社会秩序，显然较之每个人的自由发展权利，在毛泽东的思想中占有更加重要的位置。

三

　　根据毛泽东的要求，中共中央 1966 年 5 月 15 日转发了"五七指示"和军委总后勤部的报告。第二天，中央政治局扩大会议通过了中共中央《通知》（即著名的"五·一六通知"），宣告"无产阶级文化大革命"正式开始。随之而来的剧烈动乱转移了大家的注意力，"五七指示"一时没有形成正式制度。1968 年 5 月 7 日，黑龙江省在纪念"五七指示"发表两周年时，把大批机关干部下放到庆安县柳河的一所农场，定名为"五七干校"。10 月 5 日，《人民日报》在《柳河"五七"干校为机关革命化提供了新的经验》一文的编者按中，传达了毛泽东的"最新指示"："广大干部下放劳动，这对干部是一种重新学习的极好机会"。全国各地党政机关、高等院校按照这一"最高指示"闻风而动，成千上万的党政干部、学者专家、文艺工作者被下放到它们在各地兴办的"五七干校"。

　　学部员工在 1969 年 11 月下放河南信阳地区的"五七干校"，正是这个大潮流的一个片断。和其他的"五七干校"一样，学部干校也

1　马克思、恩格斯:《共产党宣言》，载《马克思恩格斯选集》第 1 卷，人民出版社 1995 年版，第 294 页

采用军事化的编制和管理方式，不分老幼，全体员工按照军队的编制方式重新组成连、排、班。经济研究所编为"七连"。我所在的政治经济学组和《经济研究》的编辑部合编为七连二排。干校除了解放军毛泽东思想宣传队（简称"军宣队"）和工人毛泽东思想宣传队（简称"工宣队"）作为高层领导，还选拔了一些本单位人员作为连长、排长和班长。

下放的时候，我们所接到的直接指示并没有谈及"共产主义社会未来的萌芽"，只是"下放劳动"，"接受贫下中农的再教育"，以期改造成为"跟随毛主席继续革命的新人"。

但老实说，在学部干校，除了极少数被挑选出来参加农村整党的人，跟农民并没有多少接触，自然也就没有多少"接受贫下中农再教育"的机会。"五七指示"说的"学政治"、"学文化"也极其有限。当时能读的书除了一本《毛泽东语录》，1970年后也只有6本马列主义经典著作和导读小册子。报纸不能自己阅读，要坐在一起念。张纯音想在闲时恢复她的英语，就被连长在全连大会上通报训斥：美国总统尼克松就要访问中国，有的人开始学习英语，她想干什么！

干校"再造新人"的主要手段，是开展政治运动。更具体的说，就是所谓"清查'五一六'反革命分子"的政治运动，劳动虽然艰苦，但和清查运动比起来，反倒是它的陪衬。对于运动和劳动这两个内容之间的搭配，钱锺书先生有过生动的描绘。他说：干校生活是在"清查'五一六'"的"批判斗争的气氛中度过的；按照农活、造房、搬家等等需要，搞运动的节奏一会子加紧，一会子放松，但仿佛间歇虐，疾病始终缠住身体。"《干校六记》的"'记劳'，'记闲'，记这，记那，都不过是这个大背景的小点缀，大故事的小穿插。"

在这种"批判斗争的气氛中"培育的是什么样的"新人"呢？徐方在这本书里除了回忆了学部干校的劳动和日常生活，还勾勒了干校政治运动背景下的知识分子群像，记录了"批判斗争的气氛中"的告密文化、犬儒心态等等。这其实是被扭曲人性的记录，与共产主义实在扯不上什么关系。

四

前一个时候，网络上曾经发生过一场关于人性与制度之间关系的争论：一种观点是"卑劣的制度塑造了卑劣的人民"；另一种观点是"卑劣的人民选择了卑劣的制度"。看起来，前者持论的根据，是人性本善，只是因为有了卑劣的制度，才使他们变得卑劣起来；后者认为人性本恶，因此人们选择和塑造了卑劣的制度。

从我自己在历次政治运动、包括学部干校政治运动中的经历看，"性善论"和"性恶论"恐怕都有所偏颇。绝大多数人的本性都具有双重性，即所谓"既是天使，又是魔鬼"。在恶劣的制度环境下，性善的一面会被压抑，性恶的一面却会膨胀起来。比如在徐方的《干校札记》中讲到的"告密文化"，一方面固然是在领导上软硬兼施的"大批判"和"揭发检举运动"中培育起来的；另一方面，也是由于我们这些"五七战士"的人性使然。在运动中，很多人或者出于对领袖的愚忠，或者出于自保的私心，甚至为了求得"组织"的欢心，得到派上个好活或者早日回城的优待，对鼓励告密的恶政不但不加抵制，还予以配合甚至积极参加，也难辞其咎。

我可以自己在"清查五一六分子"运动中的遭遇为例说明这一点。要了解这场"清查五一六运动"，先要补充交代一下学部"文革"的基本情况。

"文革"开始不久，学部员工就分裂为"红卫兵联队"（简称"联队"）和"红卫兵总队"（简称"总队"）两个群众组织。"联队"由于背后的"高参"与中央文革几个成员关系密切，在1966年10月至1967年上半年占据明显的优势，在"反击'二月逆流'"中也非常活跃。由于不满"联队"一些领导人在"反击'二月逆流'"中的做法，1967年春又从"联队"分化出第三派群众组织"大批判指挥部"（简称"大批部"）。我和经济所的一批朋友也有同感，于是加入了"大批部"。在1967年8、9月间，中央文革和姚文元的《评陶铸的两本书》提出要彻底揭一个"搞阴谋的反革命集团""五一六兵团"以后，一些地方和单位的群众组织就指责自己的对立面是"五一六反革命组织"。这时，"总队"在学部运动中占居优势，"联队"则被指责为"五一六组织"。曾参加"联队"的学部资料室研究人员冯宝岁，就在这时被另一派所抓捕，并于1967年11月被毒打致死[1]。

1968年末军工宣队进驻学部后，根据上面的统一部署正式开展了"清查五一六反革命分子"的运动。在第一个阶段，斗争的矛头仍然指向"联队"的成员（又称"王系五一六"，因为"联队"的主要负责人

---

1 参见邵燕祥《关于冯宝岁之死》，《雨花》2009年第12期

是哲学所的研究人员王恩宇）。当时，我的一位朋友陈君被军宣队和连排干部吸收参加清查"五一六"专案组，据说在大搞逼、供、信的"清查运动"中表现得相当积极。1970年11月，陈的夫人要求全家去自己所属单位的湖南干校，那里的生活条件比学部干校要好。军宣队同意了这个请求，不过让她带孩子先去，等陈君在专案组的工作办完随后就去。但到12月，学部干校的"清查运动"进入"深挖五一六分子"阶段，不仅"联队"的成员继续受到清查和批判，"大批部"也被指责为"'五一六'的二套班子"（又称"傅系五一六"，因为"大批部"的主要负责人是历史所研究人员傅崇兰）。这时，军宣队找陈君谈话，摆出了"请君入瓮"的阵势。他们说：你很清楚，我们清查"五一六"，打一个、准一个，从来没有错过，现在有人检举你也是"五一六"，何去何从，你自己考虑。陈君根据自己参与清查"一套班子"逼供、诱供和制造"罪证"的经验，觉得除了按军宣队和班、排干部的指引瞎说乱供，没有别的出路，就按照领导的要求自证有罪。这时，军宣队不仅没有按原来的承诺，只要承认了就放他去湖南与妻儿聚首，而是紧抓不放，要求他进一步揭发"反革命同伙"。他只得一不做、二不休，继续编造故事，把自己的"大批部"朋友拉扯到所谓"'五一六'反革命集团"里去，甚至当面指认他们共同参加了哪些反革命活动。这样，我和田光、周叔莲、张卓元、方留碧都成为清查运动的重点对象，或者进了"学习班"，或者被关进了劳改队。

在"四人帮"被逮捕、"文革"宣告结束以后，"五一六"假案不了了之。陈君和他的一些朋友也多半担当了社会科学院各研究所的领导工作，在推进改革开放过程中作出了各自的贡献。事情虽然过去，但构陷朋友的历史仍然是陈君的一块心病，总是觉得没有颜面面对故人。他向我倾诉过，自己当年如何陷入别人布下的网罗之中不得脱身，然后在军宣队和班排干部的威逼引导下，一步步走上先是污损自己、然后诬陷友人的道路。他交给我一份七连二排领导写给军宣队的手写报告：《学习班小结：对陈搞政策攻心的几点体会》。报告中详细讲述了排领导如何"发挥主席思想的威力"，精心设计，成功地迫使陈某承认参加"五一六反革命集团"，犯下了参与"炮制赫鲁晓夫式的秘密报告"、"政变（包括围困中南海）"、"建立反革命暴乱基地"、"搞反革命退却部署"等种种罪行，然后又如何乘胜追击，步步进逼，迫使陈君按班排干部的"诱导"，揭发自己的朋友，指认自己的这些朋友共同从事反革命活动。

我读到这份"学习班小结"时，真是惊诧莫名。我对陈君当年从事诬陷的原因有了一定的谅解，同时也难以想象，一些在"文革"前被看作朋友的学者，在担任班排领导后做出这样阴险恶毒、必欲置人于死地的事情来。但我所熟悉的笔迹却明明白白地告诉我，那确凿无疑地是他们的自述。当时，我还没有读过韦君宜的《思痛录》一类著作，只在描述纳粹集中营被选出参与管理的犯人，如何对待自己的犹太同胞的回忆录中读到过类似的事情，觉得很不好理解。后来读的东西多了，对于发生这种情况的必然性才有了更清醒的认识。

显然，一些人在"文革"中的悖谬行为，并不是因为他们生性特别邪恶，而是特定的境遇将他们心中的恶性因子释放出来，在某些"甜头"的激励下无限膨胀，做出伤天害理的事情来。

这一判断，可以得到心理学研究成果的支持。斯坦福大学的心理学家津巴多（PhilipZinbardo）教授曾经招募了24位身心健康的大学生，随机分配他们充当狱警和囚徒的角色，做过一个模拟的监狱实验。这个实验计划为期两星期。结果仅仅进行6天以后，被赋予执行任务绝对权力、承担狱警角色的学生就变得极其暴虐，承担囚徒角色的学生则陷于精神崩溃，而且双方发生了暴力冲突，因此实验被迫终止。津巴多教授后来还参加过美军在伊拉克阿布格莱布（AbuGhraib）监狱虐囚事件的审讯，担任被告弗雷德里克（IvanFrederick）的专家证人，亲眼目睹一位普通的爱国青年怎样在美军领导人的鼓励纵容之下成为肆无忌惮地残害囚犯的暴君。津巴多教授根据自己对斯坦福实验和对阿布格莱布监狱虐囚事件的观察，在2007年出版了一本名叫《路西法效应：好人是怎样变成恶魔的》的著作[1]。他在这些观察中得出一个重要结论：在强有力的制度力量和特定的环境力量的支配下，普通的"好人"也会被诱惑加入做出恶行。

"无产阶级专政下的继续革命"的政治运动，和"对资产阶级的全面专政"，不正是这样的环境和制度吗？一些人在"坚决保卫无产阶级司令部"、"对待敌人要像严冬一样冷酷无情"之类口号的诱使和掩盖下，把心中的魔鬼释放出来，使原来只存在一般缺点的普通人，变成对同僚和朋友无所不用其极的迫害狂。

对于学部干校"清查运动"中的"五七战士"，钱锺书先生的《干校六记·小引》做过分类。他说："在这次运动里，如同在历次运动里，少不了有三类人。假如要写回忆的话，当时在运动里受冤枉、挨批斗

---

1 中文版于2010年由北京三联书店出版

的同志们也许会来一篇《记屈》或《记愤》。至于一般群众呢，回忆时大约都得写《记愧》：或者惭愧自己是糊涂虫，没看清'假案'、'错案'，一味随着大伙儿去糟蹋一些好人；或者（就像我本人）惭愧自己是懦怯鬼，觉得这里面有冤屈，却没有胆气出头抗议，至多只敢对运动不很积极参加。也有一种人，他们明知道这是一团乱蓬蓬的葛藤账，但依然充当旗手、鼓手、打手，去大判'葫芦案'。"

遗憾的是，即使在"文革"结束之后，有些在运动中充当"旗手、鼓手、打手"的人，就像钱先生所说的那样，不但不负疚抱愧，反而"选择遗忘"，"以便落得个身心轻松愉快"。还有一些人被所谓"无产阶级专政下继续革命理论"所误导，或者另有他图，还盼望着"七八年再来一次"。

但是，如同 1981 年中共十一届六中全会通过的《关于建国以来党的若干历史问题的决议》所承认的：由领导者错误发动的"文化大革命"，是一场"给党、国家和各族人民带来严重灾难的内乱"。如果"选择遗忘"，而不是从这样史无前例的民族大灾难中汲取教训，惩前毖后，那只能叫做无可救药。

五

世界上的万事万物，多半都是祸福相倚，黑暗与光明并存的。"五七干校"也是如此。

学部干校所处的农村贫瘠荒芜，政治运动谬误严酷，然而也正是在这样恶劣的环境，使许多愿意对照现实进行思考的人们，逐渐从领袖崇拜和乌托邦幻梦中解放出来。开始重新用自己的眼睛观察周围发生的一切，重新评估过往的历史和个人的经历。这个过程可以称为自我启蒙的过程。自我启蒙的过程不免痛苦，进展往往缓慢，但一旦寻得了真理，哪怕是一鳞半爪，也会内心喜悦，欣然忘却眼前的艰难，往后的步子也会坚定向前。

张纯音一家人所尊崇呵护的顾准，就是在干校三年的无畏探索中实现了思想升华，当之无愧地成为反思中国历史、引领中国社会进步的重要思想家。

我自己通过"文革"的经历和在干校的反思，也得到重大的思想收获。这主要在以下的几个方面：

一是通过对中国农民的生活状况切近的观察，对"总路线"、"大跃进"、"人民公社运动"造成的严重损害，有了更痛切的感受；在随后的学习思考中，对于这一套方针和政策的社会性质，开始形成初步的认识。

我出身于城市的富裕家庭，虽然在此以前因为工作关系也到过农村，但对农村和农民的生活终归缺乏切身的体察。1958 年"大跃进"期间，我曾经参加国家经委组织的"大炼钢铁"检查团，亲眼看到城乡成千上万人不计代价地昼夜奋战，结果只收获一大堆毫无用处的"烧结铁"。1965 年参加农村的"四清"运动，对农村贫困和干部作风不良的情况也有一些了解。但在当时的政治"教育"下，总认为这些缺点与"九个指头"的成就相比，只不过是"一个指头"；甚至是建设社会主义强国不能不付出的微不足道的代价。

至于信阳专区，我在下放"五七干校"以前，对"大跃进"期间发生的两次"事件"都有所耳闻，但并不知道真相。

　　第一个"信阳事件"，是指1959年中国人民大学师生信阳考察团"恶毒攻击总路线、大跃进、人民公社'三面红旗'"的事件。这次事件的经过是：1958年人民公社化运动开始以后，社会各界普遍组织参观团到农村学习。这时，北京大学和中国人民大学也组织了有上百名师生参加的人民公社考察团由人民大学副校长邹鲁风（后调任北京大学副校长）带队，到河南信阳和河北藁城学习考察。他们在调查中发现，这两个地区所谓的"粮食大丰收"完全是子虚乌有，干部强迫命令也十分严重，于是就给中共北京市委写出书面报告，希望他们向中央反映。这份报告本来得到了人大、北大许多领导人的同意和北京市委领导人的重视，但在中共中央作出《关于彭德怀为首的反党集团的错误的决定》并发动全国性的"反右倾机会主义运动"以后，就成了北京市委抓的第一要案，邹鲁风和考察团的骨干也被打成"右倾反党分子"。作为老革命的邹鲁风对于受到的批判想不通，选择了投水自杀。邹鲁风自杀以后，人大和北大召开过一系列对他的批判会，我参加过其中的一次。会上信阳来的干部和贫下中农代表上台声讨邹鲁风"反对三面红旗"和"污蔑农村大好形势"。发言人义愤填膺，讲得声情并茂，不能不使人信以为真。

　　第二个"信阳事件"，是指1960年全面整肃信阳地区地县两级领导的事件。当时的说法是，信阳地区的地县两级领导班子"地富反坏右"等坏人篡夺，实现了"反革命复辟"，他们打击排斥好干部，隐瞒实情，致使有的农民饿死。因此从中央机关抽调了几百干部进驻信阳，夺了原来地、县委领导班子的权，信阳地委的大部分领导和几乎所有的县委书记都被逮捕进了监狱。事情似乎早已经解决了。

但当我来到信阳专区的学部"五七干校"，却亲眼目睹原来物产丰富、气候宜人的鱼米之乡，已经成了农民极端贫苦的荒芜废墟。这大大出乎我的意料。走出东岳镇看到的是，在田野大地上除了低矮的庄稼，几乎是寸草不生。原因是大炼钢铁把树木都砍伐光了，老乡没有燃料烧熟一日三餐，路边堤上刚长出几颗小草，就被到处寻找柴火的农家小孩拔去做柴烧了。老乡家里没有木制家具，桌椅甚至粮缸都是用泥巴做成的。

更使人惊悚不已的，是了解了 1959-62 年期间这个地区发生的大规模"非正常死亡"惨剧的真实情况。

当时，中央党政机关在全国 18 个省区一共设立了 106 个五七干校，平均每省 5.9 所，而河南省的信阳一个专区就设立了 20 所，其中息县一个县设立了 8 所，可说是中央党政机关设立干校最多的地方。这说明那里的农地富富有余。

刚到干校，四处走走，看到干校周围走几里路没有一个村庄，我就产生了一个疑问：按说河南是中华民族生息繁衍的发源地，农耕文明至少已有三千多年的历史，怎么可能有这么多荒地？其实我们刚到东岳，息县革命委员会的王副政委给我们做报告介绍息县情况时就说过，"1959 和 1960 年这两年中劳动力的损失很大，有些生产队整个都不复存在，至今还看得见有些水渠环绕的宅基，就是这些消失了的生产队的遗址"。这其实已经告诉我们干校土地从何而来。不过我当时并没有太在意。顾准 1959 年在同属信阳专区的商城县劳动改造时，已经知道这里发生的"死亡相踵"、"一死就是一家"的惨剧[1]，他把王副政委的这段话专门记在自己的日记里[2]。

后来，干校一些被挑选出来的人去参加农村整党，和社员实行"三同"（同吃、同住、同劳动），回来讲了不少他们从老乡那里了解到的情况。这才知道，邹鲁风他们在1959年说的都是真话。就在当时开始大批饿死人的时候，河南省委和信阳地委为了完成高征购指标，做的却是大反基层干部和农民"瞒产私分"，并且严禁社员在家里"私自开伙"，以致造成农民成批饿死，出现了大量的"死绝户"和"绝户村"。据1960年中央纪律检查委员两位处长逐县进行统计后报告，信阳这个人口800多万人的专区，1959年饿死人数高达105万人，占原有人口数量的13%[3]。

去和老乡搞"三同"（同吃，同住，同劳动）的学部干校学员，还讲了许多老乡言谈中和"忆苦思甜"会上听来的饥荒年代的故事，听了使人毛骨悚然。这显然不是什么"反革命复辟"，而是方针路线错误造成的。

在学部"五七干校"的经历，使我对有关总路线、大跃进和人民公社"三面红旗"的宣传教育产生了深深的怀疑。这也成为"文革"后期怀疑所谓大寨经验的一个思想背景。

1　见顾准《商城日记》（1960年1月4日），载《顾准文存·顾准日记》，中国青年出版社2002年版，第220页

2　见顾准《新生日记》（1969年12月3日），载同上书，第273页

3　见余德鸿：《关于"信阳事件"的忆述》，载徐勇主编：《中国农村研究2002年卷》，中国社会科学出版社2003年版，第273页

六

我在干校期间另一个重要收获，是对于为什么要搞"文化大革命"一类政治运动，逐渐有了清楚的认识。

在"文革"初期，我对这场运动是衷心拥护的。即使自己和家人受到了粗暴对待，我也认为个别偏差只是大潮流中的小波澜，要看到大方向，正确对待。

随着"文革"运动的发展，我逐渐发现红卫兵和造反派的"革命行动"背后，往往是被人操纵的。由于学部与中央文革小组有着某些人际上的密切联系，号称"出门拐个弯就是中央文革"，加上我住在北京师范大学，这所大学的"红卫兵领袖"谭厚兰，也和中央文革小组成员关系密切。因此，我很容易看出中央文革"运动群众"的脉络。一般来说，号令从中央文革小组出来，通过学部哲学研究所，以及马列主义研究院、国务院财贸办公室、教育部和北京高等院校等单位，几天之内就能形成"打倒某某人"、"炮轰某某人"的席卷全国的"群众怒潮"，然后就会有中央领导出来表态，把被炮轰的人定为反党、反社会主义、反毛泽东思想的"三反分子"，或者是其他名目的"反革命分子"。例如，陶铸被选为中共中央政治局常委时间不长，他就在学部"联队"召开的一个大会上被指为是"刘邓司令部的黑干将"。当时，作为中共中央政治局常委、国务院总理的周恩来还在竭力阻止，说是"党中央的第 4 号人物不能炮打"，但没过几天陶铸就被最高领导正式打倒。

待到 1967 年，中央文革小组受命发动"反击二月逆流"的时候，我已开始对"文化大革命"的真实目的产生了怀疑。先只是觉得中央文革里的康生等人夹带私货造成的问题,但是随着"文革"闹剧一幕接一幕地上演,今天把"红卫兵小将"捧上了天,明天又把他们投入监狱。今天说"炮打林副主席"是"'五一六'反革命集团的严重罪行","清查'五一六'是毛主席、林副主席亲自下的决心",明天又说"林彪是'五一六'反革命集团的总后台"。这使我越来越觉得这不是什么"革命",而只是一场以"群众运动"为名进行的权力之争,"红卫兵小将"正如顾准所说,只是听别人摆布的棋子。当然,这种认识其实还有很大的局限性,对其实质更深刻的认识,还是在与顾准相知之后。

七

　　和顾准相知,并且在他的帮助下重新认识中国社会和自己走过的道路,是我在干校的最大的收获。在 1970 年 12 月开始的"深挖五一六'二套班子'"的运动中,我被定为"帽子拿在人民手中的'五一六分子'",编进了七连的劳改队。在劳改队出工的第一天就遇到了问题。过去我不管干农活还是瓦工活、电工活都还可以胜任。到劳改队后第一天派给我的活是"起圈",就是把猪圈里的旧垫土铲起来,换上新土。旧垫土和猪粪便混在一起,黏度很大,一铲子踩下去就再也抬不起来了。这个时候,顾准跑过来对我说,"这个活你哪里干得了?还是让我来吧!"从这个时候开始,我和他很快成为至交。

当时顾准是这个队里的老劳改犯。他在 1957 年被打成右派分子以后，经过多年的观察和思考，把中国的问题归结为"娜拉走后怎么样"，也就是在革命胜利、取得政权以后政治和经济向何处去的问题。为了回答这个问题，顾准制定了一个以世界宗教史、文化史、政治史、经济史为背景研究中国问题的宏大计划。他对我说，要把中国的事情弄清楚，首先得学习世界文化史、宗教史、经济史、政治史，对整个人类各种思想源流作一番梳理，然后回过头来对照分析中国的问题和探索人类的未来发展，才容易看得清楚。于是，我就追随顾准从希腊史开始世界历史的漫游。

　　在息县时，当"革命群众"开会的时候，劳改犯们就呆在临时搭起的席棚里听候传唤。不挨斗的时候，我们可以做自己的事情。到明港以后，全连和全干校的大会开得很多，而监管对象是没有资格参加的。我们两人就躲到"革命群众"用来开小会的席棚里去，一边读书，一边进行讨论，在东西方文明源流的对比中探求对中国历史发展中疑难问题的解答。关于评法批儒问题也是我们经常讨论的一个问题。

　　毛泽东在 1968 年的中共八届十二中全会上就批评过郭沫若的《十批判书》和"崇儒反法"的观点。1970 年夏天庐山会议后，接下来开展了"批陈整风"，"崇法评儒"潮流开始兴起。1971 年林彪坠亡后不久，"批林批孔"更成为一场声势浩大的政治运动。在这种形势下，我们也读了郭沫若的《十批判书》，还有《韩非子》、《荀子》等书。

　　拿中国的传统思想来和希腊、罗马以降的西方思潮作对比，就可以看到东西方文明源流存在的巨大差异。按照顾准的说法，所谓"文艺复兴"，也就是"回忆希腊、罗马往事"的运动，所以，现代思想家"言必称希腊",是有一定道理的。秦汉以来,中国文化形成了另外一种传统。毛泽东说得正确,"百代都行秦政法"[1],也就是说,一直遵循皇权专制主义的传统。这种传统与西方传来的1793-1870-1917年的思潮相结合,就形成了一套扭曲的意识形态神话[2]。

在这一艰苦探索成果的基础上,顾准从自己曾经深信不疑的意识形态神话罗网中破网而出,对中国革命胜利后20年出现的"把革命的理想主义转变成保守的反动的专制主义"现象做出了鞭辟入里的分析,由此也找到了"娜拉出走"能够真正取得成功的正确道路。你看,顾准发出的呐喊是何等的义无反顾,掷地有声:"我自己也是这样相信过来的。然而,今天当人们以烈士的名义把革命的理想主义转变成保守反动的专制主义的时候,我坚决走上彻底经验主义多元主义的立场,要为反对这种专制主义而奋斗到底!"[3]

与顾准的相知不仅使我更深一层地看到了"文革"的专制主义实质,也帮助我重新认识自己过去走过的道路。由此开始的独立思想里程,改变了我的全部人生。

八

读徐方这份书稿,使我想起很多往事,也想起她的母亲、我的老

---

1 见毛泽东《读＜封建论＞呈郭老》

2 见顾准:《从理想主义到经验主义》,载中国青年出版社:《顾准文存·顾准文稿》,2002年版,第227-460页

3 见顾准,同上书,第454页

同事张纯音。张纯音在和顾准的交往中深深为他的精辟见解和超人才华所折服和吸引，做了一个正直的中国人应该做的事情。在风雨如磐的岁月里，她们一家人冒着极大的政治风险，尽自己的可能呵护帮助顾准，使他能够在短暂生命中为我们留下了其价值无与伦比的精神财富。也要感谢徐方，从一个侧面让我们更多地了解孕育顾准思想的社会背景和生活环境，以及一批曾经对多灾多难的祖国满怀期待、然而生不逢辰的知识分子的际遇。

当然，在学部干校时，徐方还只是一个阅世不深的少年，我们不能要求她对半个世纪前的"五七干校"发生的历史事件作全景式的描绘和深刻的解读。要做到这一点，还有待于我们这些亲历过或者没有亲历过的后来者的努力。这是我们对民族、乃至对人类义不容辞的责任。

吴敬琏

二〇一五年四月三十日

干校札记

　　杨绛先生三十几年前写了《干校六记》。当年我也去了同一所干校——河南息县中国科学院哲学社会科学部五七干校。1969 年 11 月，15 岁的我，跟随在学部经济所做研究工作的母亲张纯音一起下放到那里。那个时候经济所聚集了一批中国顶尖经济学家，包括顾准、骆耕漠、巫宝三、吴敬琏、董辅礽、关淑庄、孙世铮、汪敬虞等。前后长达近三年的干校生活，让我有机会同他们近距离接触。更由于母亲总以平等的态度对待我，时常将她对许多人和事物的真实看法告诉我，或讨论或指点，使我受益良多。直至今日，当时的一些所见所闻仍历历在目。

　　干校到底是什么样的，如何定义其性质，至今莫衷一是。2014 年在博客中贴出《文革奇遇：认识顾准》一文，马上就有人跳出来反驳："胡说八道！干校是保护干部的地方，他们在那儿很少干活儿，也没有批斗会，个个养得白白胖胖的……"这种说法令人啼笑皆非。幸好当年一起下干校的还有一些人健在，质疑者可以看看上海电视台制作的专题片《顾准》，听听那些亲历者是怎么说的。遗憾的是，随着时间的推移，留在世上的亲历者越来越少了。当时干校里的青壮年"学员"，如：吴敬琏、赵人伟、张卓元等，如今都已 90 多岁。记得 1992 年，高建国先生为了写《顾准全传》，先后采访了 60 位顾准生前故知；可是到了 2013 年，上海电视台做专题片《顾准》时，却仅找到三、四位跟他生前有过密切接触的人。由此可见，记录干校生活是一项抢救性工作。作为亲历者，笔者感到有责任将当年所见所闻尽可能忠实地记录下来。

这篇文字的写作过程异常艰难。毕竟年代太久远了，很多细节要努力回忆，没有把握的地方或查阅资料、或打电话向当年一起下放的人核实，力求做到准确无误。

整装待发

中国科学院哲学社会科学部（中国社会科学院前身），简称学部，下面有十三个研究所，外加一个情报研究室。母亲张纯音是经济研究所的研究人员。1969 年，"文革"到了第四个年头，各个所的人都集中住在单位参加政治学习、搞运动。一天，母亲突然回家，说经济所已正式通知，11 月 16 日下干校，地点在河南息县。

下放动员提出的口号是"连锅端"，鼓励人们退掉房子，带上家属一起走。军宣队作动员报告时说："你们这次下去是要扎根农村，在那里过一辈子，不回来了。所有的人都得去，哪怕你走不动了，用担架抬也得把你抬下去。"

经济所统计组的李蕃老先生，尽管年纪很大，头脑已经不清楚了，也难逃一劫。以致他到干校后有两次把洗衣粉当成家人给他带的奶粉冲着喝了，险些闹出乱子，此乃后话。

当时学部仅职工就有两千人，再加上家属，不能一下子全部下去，得派个"先遣队"打前站。那个时候全国学习解放军，各研究所都按军队编制，文学所是五连，经济所是七连。也不知是谁的点子，说："既然是五七干校，就让五连和七连先去吧。"于是我们就先行了一步。

下干校的过程很仓促，从正式动员到出发，只有短短 10 天。在此之前，父亲已带着哥哥去了位于黑龙江北安的水电部五七干校，家里只剩下母亲带着我和弟弟。弟弟是弱智儿，不适合一起去，于是母亲赶紧找了一个人家帮忙照看。那年我 15 岁，已经懂事，知道要为母亲分忧，跟着她忙里忙外。

经济所只为下放人员提供两项帮助：一是免费发放麻袋；二是提供存放东西的场所。对于我家来说，房子和家具都是从父亲单位租的，只要退掉就行。父母最看重的，还是那些书。我和妈妈手忙脚乱地把家里的书装进麻袋，然后用麻绳把口缝上，再用毛笔写上名字。一共装了十几袋，这就是当年一个知识分子家庭最重要的家当了。

经过三年困难时期，母亲深知在艰苦环境下营养有多重要，而所谓营养主要还是蛋白质。她决定多带一些高蛋白、易存放的食品，差我上街买三样东西：奶粉、肉松、午餐肉罐头。

我们的行李倒也简单，只有两只大箱子。每个箱子先以两层罐头铺底，然后再摆一层奶粉、肉松，最上面放衣服、杂物等。外人除非翻箱倒柜，否则不会发现这个秘密。

初来乍到

学部大院坐落在北京建国门内大街 5 号。1969 年 11 月 16 日上午 10:30，经济所和文学所全体下放人员在那儿集合，部分人还带了家属。大院儿主楼前的空地上，一下子来了几百号人，黑压压站了一大片。

集合完毕，大家排着队向北京站进发。一路上有人敲锣打鼓欢送，可我们心里却惶惶然。家里的房子退了，从此五口人分处三地，天南海北。未来的家在哪儿？这一去要走多久？还能不能回北京？对于母亲来讲，最担心的还是弟弟。小小年纪智力又差，到一个陌生的家庭生活，他能适应吗？那家人会对他好吗？种种问题萦绕心头，沉重而茫然。

"先遣队"兵分两路：五连（文学所）经信阳至罗山；七连（经济所）经驻马店至东岳。火车中午时分出发，次日凌晨 3 点多到达河南驻马店，七连大队人马在这儿下车。

车站上黑暗阴冷，所里几位"壮劳力"在昏暗的灯光下，七手八脚从行李车上往下卸东西，然后装上卡车。人们所带之物五花八门，反正托运费由公家出，于是有人就尽量带，什么都不肯扔。居然还有带蜂窝煤和大白菜的，这可真体现了社会主义的"公私分明"！煤和白菜是自己花钱买的，扔了可惜。至于是否值得花那么多运费运往河南，进而拉到干校点儿，则不必考虑。

陈瑞铭叔叔当时年轻力壮，膀大腰圆，大伙都亲切地叫他"狗熊"。可这位大力士硬是没拽动我们的箱子。他看了看箱子上的名字，跟母亲开玩笑说："老张，你带的这是什么呀？这么沉！我可要杜十娘怒沉百宝箱了啊！"我们心里有鬼，不敢吭声儿。要是被人发现下放锻炼还带这么多好吃的，扣上一顶"资产阶级生活方式"的帽子可不得了！

其他人站在旁边闲聊。董辅礽叔叔大谈息县，说这地方在春秋战国时期是息国，有个息夫人，是春秋四大美女之一。另一位叔叔说：河南古时候叫中州，是中华文明的主要发源地，唐代大诗人刘禹锡云："八方风雨会中州"。殷墟遗址就是在这里发现的，还有甲骨文……听这些大人谈话，觉得特有意思。好像他们不是去吃苦锻炼，而是去搞考古发掘。

车装好后，天已蒙蒙亮。凌晨5点，人们爬上等在那里的几辆敞篷卡车，前往最终目的地——息县东岳公社。车上没有座位，我们只好站着。河南冬季阴冷潮湿，车子开起来小风飕飕儿的，不一会儿耳朵就冻僵了。一路上途经汝南、平舆、新蔡、包信等地。刚开始还是柏油路，过了包信就变成泥沙碎石路，再往前走就是土路了，车子颠簸得厉害。更倒霉的是，头一天晚上刚下过雨，道路异常泥泞，车轮很快就陷进泥里。大伙儿不得不下车，在泥泞的道路上艰难跋涉了五、六里，然后再上车。

随行家属虽说上有老人，下有幼儿，也被要求跟下放干部一样，在军宣队的指挥下，一切按照部队的做法雷厉风行，"令出如山"、"令行禁止"。一直折腾到下午2点，才到达东岳公社，这时人们已累得筋疲力尽。

经济所全体职工加上家属约三百人，一下子都开过去，住宿成了大难题。当地没有现成住房，只好安排男同志住进一座棉花仓库；女同志住公社粮管所；家属分散住在卫生所、兽医院。

那仓库硕大无比，坐北朝南，东西两侧各有一扇赭红色大木门。仓库本不是为住人盖的，只在高处开有几个小气窗。内部用粗木头搭成像脚手架那样的架子，再铺上床板，构成上、下两层大通铺，住进去一百四十多号人；女同志住的粮管所是几排灰砖房，六、七个人一间，条件要好一些。

息县夏天酷热难耐，气温经常高达 40 多度，直到深夜仍暑气蒸腾。棉花仓库密不通风，人们虽然白天干活劳累，身体疲乏，却难以入睡。有些年轻人干脆在仓库外的泥地上铺一层塑料布，再铺上席子，睡在露天。为了解暑，有的人还在身边放一盆水，半夜热醒了，起来擦把脸，才能继续入睡。

干校营地——天灾人祸的启示

学部干校设在息县东岳公社，位于河南省东南部。去之前人们在地图上拼命寻找，结果只看到息县，却没有东岳。那地方特别偏僻，离铁路线三百多里。听当地人说，抗战八年他们都没见过日本人。大概连鬼子都嫌那儿太远，懒得去。

那一带是大平原，放眼望去，大地光秃秃的什么都没有。据说以前有树，1958 年大炼钢铁那会儿被砍光了。老百姓没柴烧，就让家里的孩子出去打草。冬天，娃子们拿着铲子，背着小篓，在路边铲草皮。春天，他们人手一根带铁丝钩子的木棍。只要有小草刚一露头，马上就薅掉。弄得当地寸草不生，非常荒凉。偶尔挖出棺材，人们一拥而上抢棺木。对他们来说，那是上好的燃料。

那里是粘土地，雨天道路异常泥泞。一脚踩下去，抬腿时经常是脚拔出来，鞋却粘在地上了。天放晴后，地面又变得异常坚硬，坑坑洼洼的。干校有个人不小心摔了一跤，额头竟被突起的硬泥割了个口子。正应了当地那句谚语："下雨一团糟，天晴一把刀。"

当地不通电，干校人员夜晚只好用马灯照明。由于既没有煤也没有柴，不能烧砖，农民大多住的是土坯房。而没有树就没有木材，他们的房子只开有很小的窗口，却没有窗扇，甚至没有窗框，冬天的时候只在窗口上蒙块塑料薄膜挡风。土坯房的门只是一个门洞，有的人家用树枝编个篱笆当门。农民家里很穷，除了灶台，没有任何家具。很多人家连桌子、凳子也是用土坯垒的。我们刚去的时候，看到一个奇特景象，农民都蹲在地上吃饭。有时蹲成一圈儿，每人捧个碗，特别滑稽。后来才知道，那是因为他们没有凳子可坐，已经蹲惯了。

那会儿正值寒冬腊月，当地农民无论男女老幼，一律都穿黑色棉袄、棉裤，那是他们用自己织的土布染成黑色缝制的。村里的狗只要一见到干校的人就狂吠不止。开始我们还以为自己身上有什么特殊的气味，后来猜想可能是那些狗能看出我们的衣着与当地人明显不同。

有一次，狗熊叔叔（陈瑞铭）看到农民正在开地主的斗争会。他好奇地往"地主"家张望了一下，发现几乎家徒四壁。回来开玩笑说："在这儿当地主真不值，穷得叮当响。我老家是浙江金华，别看我们家是贫农，可每年都做火腿，比这儿的地主阔多啦！"

当地有逃荒要饭的传统。即便不是灾年，农民夏收之后，往地里撒上芝麻、绿豆等作物的种子，然后就成群结伙地出去要饭，这样可以省下自家的口粮。

这就是我们的干校营地。本来这里自然条件相当不错，是河南省的重要粮棉产区，还盛产茶叶、毛竹、木材、油桐、药材等，素有青山绿水、鱼米之乡的美称。顾准在他的《息县日记》中也记下当地一句谚语："走千走万，不如淮河两岸。要米有米，要面有面。"按说那里的百姓应该生活得很好，然而事实并非如此。

中央机关下干校，很多单位都选址河南信阳专区。那一带干校云集，光息县就有外贸部、物资部、铁道部、中科院、学部、对外文委、对外经委、全国总工会等八个单位。这主要是由于当地地广人稀，有大量空地可以用来安置干校。

造成地广人稀的原因，是 1960 年发生了惨绝人寰的信阳事件。

1958 年，毛泽东发动了旨在"赶英超美"、"跑步进入共产主义"的大跃进运动。如何"跑步进入共产主义"呢？毛的做法是确定"高指标"，然后，以"高指标"往下层层施压，进而"创造人间奇迹"。

毛泽东头脑发热，带动全党集体发烧，全国刮起了浮夸风。1958年 8 月 27 日，《人民日报》发文，公开提出"人有多大胆，地有多大产"。一时间各地官员胆量大增。《人民日报》经常报道某某公社农业大放卫星的消息。亩产万斤已经不再是新闻，亩产数万斤的消息也屡见不鲜，虚报产量的情况比比皆是。河南省是放"高产卫星"最多的省之一，而信阳专区又是河南省放高产卫星最多的地方，说是又迎来了一个"特大丰收年"。

1958 年 8 月的北戴河会议上，中共中央估计并正式公布当年粮食产量，将比 1957 年增产 60% 到 90%，达到 6000 ~ 7000 亿斤。年底的时候又估计成 8500 亿斤。直到 1959 年 8 月，中央领导层虽然已经知道，上一年的粮食产量被高估了，但仍然不知道粮食的实际产量，还以为至少有 5000 亿斤。

1959 年庐山会议后，在河南省反右倾风潮下，各级官员因担心被打成右倾，强行按虚报产量制定的粮食征购标准向农民征粮。在征购目标难以完成的情况下，信阳的公社和大队干部采取吊、打、酷刑等各种极端方式，逼迫农民把家里的口粮、饲料、种子等，都作为"余粮"上交。即使这样，还是完不成征购任务。粮食上交了，人们只能以谷糠、薯藤、野菜、树皮、草根果腹。这些都吃光了，农民只得外出逃荒。

1959 年，饥荒大面积蔓延，而信阳地方政府又采取封锁消息的措施，到处设卡拦截，严格限制人口外流，结果一度出现人吃人的惨况。当年冬季共拦截收容 46 万人，其中不少人被打死、饿死在收容所里。有的人饿急了，偷杀了牲畜，被发现后一律按破坏生产定罪，全区逮捕了两千多人。他们当中有判死刑的、有被打死的、有被饿死在狱中的。同时，信阳地委还责令邮局一律扣留发往中央的信件，被扣的信件多达 12,000 封。[1]

当时信阳地区"一个村落一个村落的人被饿死"（白桦语），形成了很多"绝户村"，前后持续长达半年之久。而息县又是这一事件中

---

1 《凤凰卫视·腾飞中国建国 60 年纪事之 1959 年纪事：河南"信阳事件"》，2012 年

的重灾区，有六百三十九个村子死绝。那次事件整个信阳地区饿死总人数多达 100 万以上。[1]

那场大饥荒到底死了多少人？前新华社记者杨继绳经过多年研究，写成《墓碑——中国六十年代大饥荒纪实》一书。该书被认为是有关大饥荒最详实和最权威的记录之一。他参照中外多方面资料的研究得出结论：从 1958 年到 1962 年期间，中国饿死总人数高达 3600 万人。

刚到干校不久，息县革命委员会王副政委在给我们介绍当地情况时，也隐晦地谈到了这一点："这里那两年劳动力损失很大，有些生产队整个都不复存在。至今还看得见有些水渠环绕的宅基，就是那些消失了的生产队的遗址。"[2]

当地农民开忆苦思甜会，一说就是 1960 年的苦：整村整村的人浮肿、饿死。笔者后来在息县东岳公社中学借读，该校校长的前妻就是在信阳事件中饿死的；而他再婚的妻子，其前夫也是在那场灾难中死去的。他俩同病相怜，组成了新的家庭。

学部干校开展整党运动时，曾派一些干部到附近农村去"三同"，即和当地农民同吃、同住、同劳动。这使他们有机会零距离接触当地村民，意外了解到一些息县大饥荒的惨景。

据"三同"的人回来说：大跃进后饥荒的情况，听起来令人胆战心惊。村里没有一家没饿死人的。最饿的时候人们都不敢出门，因

1　丁抒《惨绝人寰的信阳事件》，《开放》杂志 3 月号，2001 年
2　顾准《息县日记》，《顾准日记》，陈敏之／丁东编，经济日报出版社，1997 年

为路上有的人饿急了，就把身体瘦弱的人吃了。村里的人饿死了一部分，逃荒了一部分，整个村子就没了。一个人饿死后，他的家人虽然已经饿得没了力气，可还得拼尽全力将尸体尽量深埋。因为埋浅了，半夜就会被饿急了的人刨出来吃掉。经济所一位"干校学员"在跟两位村民交谈时，其中一个指着另一个人说："他当时还吃过死人哩！"那人反呛道："你没吃过吗？不吃咋能活到今天？！"有个妇女回忆："那时孩子饿得哇哇大哭，可家里实在没有吃的。俺愁得没办法，只好给娃儿们塞几根死人手指头去啃……"

据外国文学研究所邹荻帆回忆："军宣队号召干校学员到附近村子访贫问苦，可我们去了之后，有一位房东居然跟我们讲起'饿死人那年'如何挖死人吃。说着说着突然来了一句：'要是你们所长冯至来，我们都会把他吃了。'听得人毛骨悚然！ 是啊，冯至是个胖子，肉多……"[1]

经济所顾准被划为"右派"后，于1958年下放到河南省商城县劳动改造。商城与息县同属信阳专区，也是信阳事件中饿死人最多的7个县之一。顾准在劳改队，情况还好一点儿，但也饿得实在受不了，他曾到地里偷过胡萝卜。附近老百姓的情况更是严重得多。顾准在他的《商城日记》中，忠实地记录了大饥荒的惨景：

> 前几天，曾出现过一些衰弱与卑微之感。卑微是从千方百计仅求一饭来的。我是否变得卑鄙了？我偷东西吃，我偷东西吃……

---

1 邹荻帆《5.16部队》，摘自《无罪流放：66位知识分子五七干校告白》，载贺黎／杨健采写，光明日报出版社，1998年9月

刨红薯，民工过路，歆慕不已，都到地头捡残屑，驱之不去。一个新发明，红薯藤磨粉。

在冀鲁豫时不能下咽的红薯叶，一盆居然吃完。

为食物的欲念所苦。想如何找杨陆何三（个）人中的好对象，得以早上喝一次菜汤。想如何搞一点红薯与胡萝卜吃。

劳动队的肿病一下子在一个月内从四十四人增加到七十多人。……（跟公社比起来），劳动队还是天堂。

肿，到处都是肿。……我也肿了。人们都往南山跑。青年妇女，分不清是姑娘还是媳妇，只要有吃的，自愿留在那里给人当媳妇。……饥饿是可怕的！

八组黄渤家中，老婆、父亲、哥哥、二个小孩，在一个半月中相继死亡。

一家连死几个人之例，已听到的有：柳学冠，母亲和弟弟；张保修，哥哥和嫂子。

除民间大批肿死而外，商城发生人相食的事二起，19日城内公审，据说二十日要公判。一是丈夫杀妻子，一是姑母吃侄女。[1]

那场由"大跃进"引发的大饥荒，致使数千万民众在饥饿中死去。然而几十年来，由于官方刻意隐瞒，时至今日仍有很多国人怀疑1960年前后那场大饥荒的真实性，至少怀疑是否真的有那么严重。顾准当年在日记中如此具体、详实地记述灾情，特别是严重到人相食的地步，就是要留下毋庸置疑的证据。

1　顾准《顾准日记》，陈敏之 / 丁东编，经济日报出版社，1997年

正如李慎之先生所说：顾准花了不少笔墨来记述自己如何想办法搞东西吃。一条胡萝卜，成了"宝中之宝"（读者要知道，这是斯大林对粮食的称呼）。有几次他吃饱了，就高兴得大写"痛快之至"。其实那个时候，不少人都已到了生物本能的极限，按照生物本能活着。然而顾准却还没有停止思考。

千千万万的中国人有过与顾准相似的经历。然而，绝大多数人不敢多议论，更少有人敢于秉笔直书，给历史留下一点记录。这是中国的耻辱，更是中国知识分子的耻辱。[1]

笔者由此联想到，在纽约曼哈顿地区有一座纪念爱尔兰大饥荒的建筑（Irish Hunger Memorial），由景观设计师 Gail Wittwer-Laird 和他的团队所设计。目的是打造一处能发人深省的空间，以警示全球范围内还有可能出现因大饥荒引发的悲剧。

造成爱尔兰大饥荒的主要原因，是一种被称为晚疫病的致病霉菌，使岛上的马铃薯大面积受灾。1845 年，气候潮湿多雨，结果致病性真菌大面积蔓延。那些本来长得郁郁葱葱的作物，几乎一夜之间都烂在地里。当时没有农药，人们也不知道马铃薯晚疫病是因感染真菌引起的。对于以马铃薯为主食的爱尔兰农民来说，简直就是灭顶之灾！这场灾难导致近一百万人饿死，英国统治下的爱尔兰人口锐减了将近四分之一。今天很多美国爱尔兰人，就是当年逃荒过来的灾民之后裔。

---

1 李慎之《智慧与良心的实录——顾准日记序》，顾准《顾准日记》，陈敏之/丁东编，经济日报出版社，1997年

位于纽约曼哈顿地区的爱尔兰大饥荒纪念建筑（Sigrid摄）

纪念建筑内部（关慎捷摄）

纪念建筑用的部分石块是专门从爱尔兰大饥荒发生地运来的（Sigrid摄）

在该建筑内部的墙壁上，刻着许多话语，其中有两句特别发人深省："反思，以避免同样的事件再发生。""没有比吃饭，不饥饿更重要的人权了。"（What great human right is greater than right to eat.）

在纽约这座繁华大都市中的一抹荒凉，面朝哈德森河，背靠包括世贸中心在内的金融区，建在美国乃至世界最昂贵的地段，占地1000平方米。这体现出人们对灾害中逝去的生命之尊重，时刻警醒不要让悲剧再次发生。

与发生在1960年前后的中国大饥荒相比，爱尔兰大饥荒实在是小巫见大巫。单就死亡人数而言，虽说中国在"三年困难时期"全国到底饿死多少人尚有争议，但数十倍于爱尔兰大饥荒是可以肯定的。

可悲的是，发生在中国现代史上最惨烈的大饥荒，几十年来却被有意掩盖了。迄今为止，没有任何由官方举办的纪念活动，或修建任何纪念性建筑，用来反思这场由人祸造成的灾难，并悼念那些饿死的冤魂。

我们在处理与他国关系中，经常说的一句话是"以史为鉴"。可自己国家几十年前发生的由人祸引发的灾难，却可怕地被遗忘了。这里有两组数据应该能够引起我们的一些思考：1849-1852年，因爱尔兰大饥荒而死亡的人数将近100万；1959-1962年，中国的三年大饥荒死亡人数约为3600万（据杨继绳）。然而不同的是，在其后的年代里，爱尔兰人在世界各地修建了大大小小的大饥荒纪念馆、纪念物达一百多处，维基百科列出了建于世界各地最主要的一部分，其中：

爱尔兰	17 处
美国	16 处
加拿大	8 处
英国	2 处
澳大利亚	2 处
总计	45 处

然而迄今为止，我们中国人在那场世界历史上前所未有大饥荒后的六十多年里，却从未修建过任何纪念物。现在在国内，那场灾难竟然成为禁忌，连提都不让提。这里有两组数据应该引起我们思考：

一个是：一百万：三千六百万

一个是：四十五：零

看看这两组数字，做为一个河南人，做为一个四川人，做为一个安徽人，做为一个中国人，我们难道不应当扪心自问吗？！

卧虎藏龙

学部当年只有十三个研究所，两千人左右。其中约一半职工是辅助人员，如：收发、打字、炊事、司机等行政后勤人员。也就是说，真正做研究工作的只有一千人。可这一千人却相当浓缩，水平非常高。那个时候学界有个说法："学部一只虫，社会一条龙。"意思是说：在学部哪怕只是一个普通研究人员，放到其他单位都是好样的。形成这种状况主要有两个原因：一是建国初期受前苏联影响，认为科学院应该比大学水平高，对中国科学院的定位很高，因而进人的时候把关异常严格。经济所人事处要进大学毕业生时，一定要到顶尖大学挑选尖子生。赵人伟和唐宗焜就是这样从北大经济系挑来的；而吴敬琏和周叔莲则是从复旦经济系选来的。二是"文革"前学部虽然没有明确的淘汰机制，却搞过若干次精简机构，淘汰是以精简机构的形式完成的。特别是 1958 年大跃进时淘汰了一大批；1960 年困难时期又下放了一大批。精简机构主要对象是研究人员。一方面剔除所谓"政治上不可靠"的人，同时淘汰掉业务水平不高者，把他们调到地方研究所或大学。结果留下来的几乎个个都是精兵强将。

学部下干校，在当地形成了一道奇特的风景线：在那个偏僻落后的乡村，突然来了一大批高水平的文科研究人员，其中不乏各学科的一流专家，如文学所的钱锺书、俞平伯、何其芳；语言所的吕叔湘、丁声树、陆志韦；经济所的顾准、骆耕漠、巫宝三……

12 月 3 日开大会，军直队李指导员在台上训话："学部这个单位是庙小神灵大，池浅王八多。"这就是他对学部的看法，说明他也知道这个单位藏龙卧虎，只是这些"龙、虎"在他眼里都不是什么好东西罢了。

记得刚到的那些日子闲来无事，想练练毛笔字，于是跑到棉花仓库旁边的小卖部买毛笔和大字本儿。"售货员"是个五十来岁的伯伯，特别和气，问我："小姑娘练大字啊，学什么体？"见我一脸茫然的样子，他说："如果是初学的话，最好练柳体，然后还可以练颜体。"接着他推荐了一本柳公权楷书字帖。我感到好奇，事后打听这位"售货员"是谁，结果竟然是文学所所长何其芳！

在当地公社中学借读期间，一次语言所干校子弟王幼农带我到他们那个干校点去玩儿。到了午饭时间，她说："别走了，就在我们食堂吃吧，我带你去买客饭票。"等买完出来，她说："你知道刚才卖给你饭票的那个人是谁吗？他就是吕叔湘。"啊？那位就是鼎鼎大名的吕叔湘？没想到竟然在这儿卖饭票！

文学所刚下干校时去了罗山，在一座劳改农场落脚。由于无地可种，一个多月后他们也来到东岳。这时经济所正在盖席棚，逐渐从棉花仓库和粮管所搬到自己建的干校点。文学所照顾钱锺书先生，让他当"通信员"，这样可以不用干体力活儿。钱先生每天斜挎一个白色大帆布包，从公社邮电所取来报纸、信件

语言学家吕叔湘

文学家何其芳

后，分别送到文学所和经济所干校点。那段路可不近，足足有五里。每当我们远远看到他沿着水渠走来，都特别高兴，因为他说不定能带来期盼中的家书。

一次，钱锺书像往常一样走在土路上，一辆警车突然停在他身旁，从里面下来两个警察，把钱先生"请"上了车。当时把在场的人吓坏了，不知出了什么事，都为他捏了一把汗。直到傍晚时分，警车才把他送回来。原来是县公安局的人看不懂档案中的英文，把钱先生接过去请他翻译，真是虚惊一场！

干校生活单调乏味，只准读《毛选》和马恩列斯的著作，连《红楼梦》都不让看。军宣队说《红楼梦》是黄色小说。钱锺书就带了几本比砖头还厚的外语辞典，一有功夫就看。辞典是工具书，他们管不着。

一流学者在干校干各种活儿的例子不胜枚举。何其芳先生后来被指派养猪。他干得特别认真，还在"活学活用毛主席著作讲用会"上，介绍了"如何运用辩证法养猪"。他腰上系着一条污迹斑斑的蓝布围裙，跟晚辈大谈养猪心得："其实猪并不蠢，它能看出你的眼神，你的脸色，能明白你的情绪，还能听懂你的话语。可见哺乳动物也是有灵性的哩……"他说自己已经进入"猪喜我亦喜，猪忧我亦忧"的境界。有同事开玩笑说，这恐怕有点唯心论，你怎么知道猪是喜还是忧呢？正合了一句古语："子非鱼，焉知鱼之乐"。[1]

红学家俞平伯与夫人许宝驯

同样在干校养猪的，还有宗教研究所所长任继愈。他曾笑谈："猪乐意，我乐意。猪舒服了，我也就舒服了。"任先生的这一说法跟何其芳的有异曲同工之妙。[2]

文学所照顾红学家俞平伯夫妇，安排他们干的都是一些轻活儿。有一次人们看到这老两口坐在自家门前为豆腐坊挑选黄豆。他们干得既仔细又认真，但速度很慢。于是开玩笑说：以俞老每个月两百多块的工资，大家算算他每选一颗黄豆合多少钱？

后来，组织上考虑到俞平伯腿脚乏力，出行不便，让他在家里为盖席棚搓麻绳。他和老伴儿依然从中自得其乐，还专门写了首七言绝句《绩麻》，来记述这段生活："脱离劳动逾三世，回到农村学绩麻。鹅塘池边新绿绕，依稀风景抵还家。"其实他和夫人住的是座破草房，旁边那个水塘很脏，人们每天在塘边洗衣洗菜，臭烘烘的，可在文学家眼里却那么富有诗意。

1　杨津涛《何其芳：在干校养猪的诗人》，《文史参考》2012 年 17 期

2　杨桂青、纪秀君《任继愈：中华文明的守望者》，《中国教育》，2009 年 7 月 18 日

冯至走在泥泞的五七大道上（高莽作）

当地农民听说俞平伯是毛主席点名批判过的人，都跑到他住的房子前面探头探脑。只要他一出门，后面就跟了一大帮村里的娃娃，高喊"打倒俞平伯"，弄得俞老很无奈。为了打发那些孩子，他从供销社买了一包糖，只要他们一喊，俞老就撒一把糖，娃儿们赶忙上前争抢。没成想尝到甜头后，他们喊得更起劲儿了！

"干校"期间，俞平伯仍不改其学者本色。他发现当地人的口语中，居然还保留着某些古语的发音。他在给儿子润民的信中说："这里语言，有些古语。如自称曰'俺'，买肉切肉叫'割肉'，笼火叫'制火'……"而且，他还发现当地有些语音，同两百多年前曹雪芹笔下人物的对话一样。如他听当地人说"你妈"，发音为"奶妈"，就想起曾在《红楼梦》甲辰本里见过这个"奶"字，当时不明白，如今居然在中原乡间弄清楚了。[1]

哲学所照顾西方哲学史家杨一之先生，让他养鸡。可他实在不擅长此道，养着养着鸡都快死光了，最后只剩下一只。人们觉得好笑，送给他一个谐音雅号"养一只"。

外国文学研究所所长，著名诗人冯至临下干校时，女婿送给他一双高帮雨鞋。东岳是粘土地，雨天地面分外泥泞，这双雨鞋派上了大用场，成了他的宝贝。

同在外国文学所的才子高莽见他在雨中行走的样子很滑稽，当即拿来纸笔画了一幅速写。但见冯老一手提着马扎，一手拄着树枝当拐杖，头发一如既往地"立"在头上，惟妙惟肖。多年后冯至的女儿见

---

1 孙玺奉《俯仰无愧——"文革"中的俞平伯》，《人物》，2007 年第 8 期

古典文学家余冠英

到这幅画，惊呼："太传神了！"

文学所余冠英余先生是著名古典文学家。干校搬到明港后，他的家被安排住在营房里。那个房间很大，当中用苇席隔开。一天晚上，他似乎老听见摇扇子的声音，就骂他老伴，"天没这么热，干嘛老摇扇子？"他一骂，就没动静了。过了一会儿，摇扇似的声音又响起来。原来是床板在噗嗒噗嗒响，是来探亲的人发出的响动。仅一席之隔，无法消声。

经济所赵人伟有一次看到墙根儿下蹲着一个又黑又瘦的老头儿，以为是当地农民。可别人却告诉他，那人就是原燕京大学校长陆志韦，令他惊讶不已。燕大是个多么洋派的学校，其校长怎么沦落到这个地步！

陆志韦是继司徒雷登之后燕京大学的一位重要校长。抗战胜利后，他历尽艰难，领导了燕京大学复校。可他的错误判断，使其在1949年后痛不欲生。国民党在撤离大陆前，曾任北大校长且与他多有交往的胡适，代表国民政府邀请陆志韦一起撤离。然而他却很不客气地拒绝了。他有句名言："是美国人出钱办的燕京大学，但燕京大学不是为美国人办的。"正因为如此，他愿把燕京大学—这座具有国际声望的学校交给新兴的共产党政权。

1949年3月25日，毛泽东和中共中央其他主要领导从河北省建屏县西柏坡进京，共产党安排陆志韦先生会同李济深、黄炎培、马叙伦等著名民主人士去北平西郊机场迎接。

然而令他万万没想到的是，燕京大学大在1952年的院系调整中被撤销。当时政府的办学方针模仿苏联，建立特色专业院校，于是决定最大限度地拆解燕大。结果燕京大学被一分为八：机械系、土木系、化工系调整到清华大学；教育系调整到北京师范大学；民族系调整到中央民族学院；劳动系调整到中央劳动干校；政治系调整到中央政法干校；经济系调整到中央财经学院；音乐系调整到中央音乐学

陆志韦等著名民主人士
迎接毛泽东进京。

语言学家、心理学家陆志韦

院；其余各系归入北京大学。

痛失燕大的陆志韦，只好到学部语言所做研究。

学部下干校时，陆志韦已是76岁的老人，却不得不一同前往。所里指派他养猪，仅仅干了两个月，身体就已经支撑不住，有一次竟晕倒在养猪场。笔者后来听语言所干校子弟王幼农说，陆志韦在干校期间特别惨，病得很重，最后到了神志不清、生活不能自理的地步，所里才派人把他送回北京。到京后不久就去世了。

1972年3月，学部干校接到通知，一些著名学者可以老弱病残的名义提前返回北京。这是第二批返京人员，其中包括钱锺书、杨绛，还有一些二级研究员。临走前，军代表主持召开了一个座谈会，让大家谈谈在干校的感受。人们已经习惯了这种开会形式，再加上急着打点行装，会上都踊跃发言。既谈劳动锻炼之收获，又为军代表歌功颂德，红学家吴世昌却一言不发。军代表让他也说一说，他却问："要我讲真话，还是讲假话？"军代表不假思索地说："当然要讲真话。"吴世昌就说："我认为'五七干校'并没有什么好处。"军代表听了很尴尬，问："为什么没有好处？"吴苦笑说："要我们回去，不是正说明问题了吗？"对方当场哑口无言。

1969年中央机关下干校，总体来讲是非常负面的，给国家造成了巨大损失，给干部带来了极大磨难。可是对于我——一个跟随家长下放到学部干校的少年来说，却是相当幸运的。在那个特殊的历史时期，在那个穷乡僻壤，有幸近距离接触到一大批高水平知识分子。他们当中有些人的言传身教，使我受益终生。

认识顾准

如果今天问我，当年跟随母亲下干校有什么收获？那我一定会说，最大的收获莫过于认识顾准。

记得刚下去的时候，我们每天中午、晚上都到棉花仓库集中吃饭。在南北两排上下层大通铺之间，人们用桌子两两并在一起，摆成长长的一溜，中间每隔一段放一盏马灯。经济所全体职工加上家属近 300 人，大家分坐在桌子两侧，场面蔚为壮观。

一次妈妈指着坐在斜对面的一个人低声说："他叫顾准，遭遇很不幸。曾先后两次被打成右派，"文革"后一直被隔离审查，临下干校时才得知夫人已自杀，孩子又都跟他断绝了的关系。他的心情坏极了，我很担心他也会自杀，咱们以后应当多帮助他才是。"借着昏暗的灯光，我偷偷看了那人

顾准证件照（摄于1960年代）

徐方（作者）少年时代

一眼，只见他瘦高个子，戴着一副眼镜，在那里默默地吃着。心想：这个伯伯好可怜啊……

对于右派，我并不感到陌生，家里亲戚当中就有好几个，母亲常带我去探望他们。她告诉我，右派都是因言而获罪，往往是一些性格耿直的好人。对于母亲帮助落难学者，更不感到意外，她是个乐于助人的人。

自从母亲跟我讲到顾准伯伯，我开始注意他，发现他很少讲话，总是拼命干活儿。一次看见他一个人在那儿筛沙子，不停地挥动铁锹，干了很久很久……几年后，我们一起回忆干校生活。他说当时精神已濒临崩溃，是想通过拼命干活儿使自己麻木，忘掉痛苦。

刚去时整个气氛左得出奇。食堂伙食很差，每天不是萝卜熬白菜，就是白菜熬萝卜。非但见不到肉，甚至见不着一点儿油星儿。据说是因为有人认为吃肉是资产阶级。两个月下来，人们渐渐撑不住了。董辅礽叔叔发牢骚说："肉都让资产阶级吃了，无产阶级吃什么？！"幸好母亲有先见之明，带来不少奶粉、肉罐头等食品。她想到顾伯伯身体不好，一定需要营养补充，应该给他送一些吃的。可伯伯当时是监管对象，处境极为恶劣，时不时会挨斗，没人敢跟他说话，更别提给他送东西了。于是母亲让我去送。那时我十几岁，在大人眼里还是个孩子，不引人注目。

我趁大人出工时，悄悄溜进棉花仓库，把奶粉等食品塞在顾伯伯的被子里。这时一个"老左"突然回宿舍取工具，看见我，满脸狐疑地问："你在这儿做什么？"我怕他发现藏在被子里的东西，赶紧坐在顾伯伯的床上，说自己在等一个小朋友，他这才走掉。

我怕伯伯不知情，打开被子时抖落那些食品被人发现，心想得想办法告诉他。我看到他在不远处干活儿，就假装漫不经心地走过去，跟他擦身而过时低声说一句："注意你的被子里有东西。"他心领神会点点头。做这件事时我紧张得要命，心都快从嗓子眼儿里蹦出来了。完成任务后异常兴奋，感觉像电影里地下党在接头。

一来二去慢慢熟了，没人的时候他也跟我聊聊天儿。当时社会上正盛行读书无用论。我生性贪玩儿，觉得从此以后不用念书实在太好了。可顾伯伯却对我说："你千万别相信这一套。一个民族不读书是注定要灭亡的，可我深信中华民族不会灭亡。将来有朝一日国家需要有知识的人去建设。到那时谁有本事谁上，你若没本事就太可悲了。"我这才意识到不学习问题很严重。可是怎么学呢？他建议自学，说："自学是一种非常好的方法，我过去没上过多少学，绝大部分知识是靠自学获得的。"于是我想办法找来一些文革前的中学课本，开始补习。顾伯伯耐心地告诉我该学些什么，怎样学。在他的指点下，我迈进一个崭新的世界。求知是多么美妙啊！我感觉自己懂事了，一下子长大了许多。

不久之后，我们这些干校子弟被安排到当地公社中学借读。农村学校虽然条件很差，但受政治运动的影响比城里少，教的东西深多了。干校子弟入学至少要"蹲"一级，否则跟不上进度，只有我一个人例外。

一天上午，我在棉花仓库里给经济所何建章的儿子补数学。晚上顾伯伯对我说："今天生病没出工，你讲的课我全听见了，能把那些抽象的数学概念讲清楚很不容易。我也是从十几岁开始做小先生的，跟你现在的年龄差不多。有道是'教学相长'，教书对自学很有帮助，能把学到的东西理得更清楚。"接着他又问我数学学到哪儿了，我说学到几何了，可惜没圆规，不好画图。他一听二话没说，从床底下的箱子里翻出一个扁平的黑色皮盒。我打开一看：啊，藏青色天鹅绒衬里上，整齐地排列着各种不锈钢圆规和其他绘图工具。我还从来没见过这么高级的制图仪，不敢接。他好像看出我的心思，说："拿去用吧，用完后还给我。"后来我才知道，顾准伯伯多年来通过自学，数学根底很深。下干校时他的行李很简单，却随身带着这套绘图工具，足见他对学问的执著。

后来我们住进自己盖的席棚子。这种临时住所八面透风，冬天冷得要命，只好生火取暖。"炉子"是用十几块砖砌成的，煤的质量又不好，火很容易灭。顾伯伯那时除了参加各种劳动，还被指派照看炉子。趁没人的时候，我就坐在炉火边跟他聊天儿。

伯伯不仅在学习方面指点我，他那刚直不阿的品格对我来说也是做人的楷模。干校期间他尽管是斗争对象，却颇有几分傲骨，从不卑躬屈膝。一次开完批斗会，他对我说："别看我前面头都快低到地上了，其实后面尾巴都快翘到天上去了。"开别人的斗争会时，他总是拿个马扎，远远地坐在最后。一次另一个右派虽然自己多年来也是批斗对象，可斗争别人时却总是坐在第一排，非常起劲儿地高声喊："低头！低头！你要老实交代！"伯伯对此颇不以为然，事后说："我看这样做大可不必。"

干校后期，工作重点转向清查"五一六"，人们已不再干体力劳动，每天集中精力搞运动。顾伯伯便利用这难得的放松，开始着手艰难的探索研究，他要回答"娜拉出走以后怎样"的问题。

娜拉是易卜生创作的话剧《玩偶之家》中的女主角，在经历了一场家庭变故后，她认识到自己只不过是丈夫的玩偶，于是毅然出走。娜拉勇敢地寻找新生活，激励了上世纪二十年代中国大批进步青年。可是，鲁迅却提出了一个发人深省的问题："娜拉出走之后怎么办？"娜拉出走，意味着抛弃旧制度、旧秩序、旧文化。可出走之后呢？也就是说，破"旧"了之后如何立"新"。这个问题不解决，无论革命革得怎样彻底，也不能说取得了成功。

新中国成立后，顾准经历了大跃进、人民公社等运动。特别是1959 年他被下放到河南商城，在那里经历了惨绝人寰的信阳事件，该事件导致 100 多万人饿死。这一切促使他思考，提出这样一连串疑问：为什么共产党在 1949 年夺取政权以后，会出现 1960 年前后的大饥荒？ 为什么会发生"文化大革命"这样的政治运动？计划经济为什么没能让中国人富裕起来？中国要建立怎样的经济体制和政治制度，才能真正实现现代化？

为了回答上述问题，顾准伯伯和吴敬琏叔叔私下里读一些自己带的书。一次伯伯正在读一本中英文对照的《圣经》，被刚好路过的军宣队吴参谋看见了。他大声训斥："马克思早就说过：'宗教是麻醉人民的精神鸦片'，你怎么能看这种书?！"伯伯只好把书收起。当时只准看六本书，都是一些对马列经典著作的注释。过了几天，顾伯伯拿着一本《"左派"幼稚病》辅导材料去问吴参谋："列宁说：'修正主义者为了一碗红豆汤，出卖了长子权。'这句话是什么意思啊?"吴参谋傻了眼，回答不出来。伯伯当众数落了他一顿："这个典故出自《圣经》，你不读《圣经》就根本读不懂列宁!"军代表后来知道这个人不好惹，只要一看见他，就远远地绕着走。[1]

那本《圣经》(新约全书)是顾伯伯于1961年在北京王府井东安市场旧书摊儿上淘到的，上面有他的签名。这是他写《从理想主义到经验主义》等著作的重要参考书。在他去世后，按照他的遗嘱："请

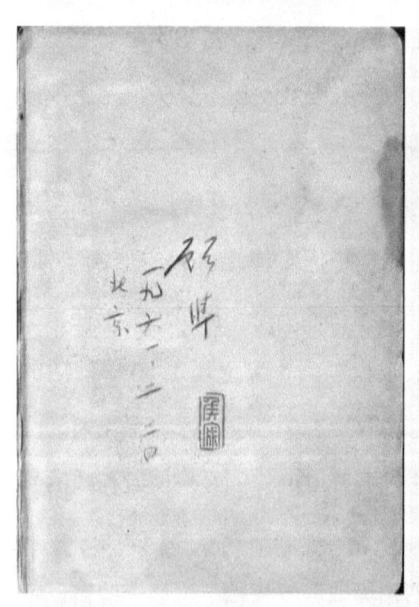

新　約　全　書
中　西　字

THE
NEW TESTAMENT

KUOYÜ & ENGLISH

CHINA BIBLE HOUSE
Printel in China
1947

顾准遗物《新约全书》(圣经)

1　邢小群《我与顾准的交往——吴敬琏访谈录》

六弟选择一些纪念物品代我送给张纯音同志和她的女儿咪咪。"这本《圣经》作为遗物留给了我，一直珍藏至今。

就这样，在那个特殊的社会大学堂，经过顾准伯伯的言传身教，我从一个混沌未开的少年逐渐成熟起来，人生观慢慢定型。可以说顾伯伯对我人生道路的选择起到了关键性的作用。

五十年代老海龟

1949 年，新中国成立。当时国家百废待兴，急需各方面人才。这时，在海外求学或已经毕业的一大批中国留学生，怀着拳拳报国之心，满腔热情奔向祖国。然而，他们当中相当多的一部分人，归国之后却被整得灰头土脸，遭遇令人扼腕。笔者在干校期间，就曾接触过这样几位。

汪友泉

汪友泉阿姨是我们住在公社粮管所时的室友，当时已经五十出头，每天干完繁重的体力劳动，两只手都肿了，倒在床上唉声叹气。她是个直性子，敢讲敢说。我们俩的床挨着，晚上躺在床上经常聊天儿。

汪阿姨在美国留学时学的是经济学，回国后到经济所经济思想史组工作。她的文笔很好，却很难写出合乎当时要求的学术论文，只在1962 年 8 月写过一篇《新自由主义的反动本质》，批判资产阶级经济

汪友泉证件照（摄于1950年代）

思想，发表在《人民日报上》。

汪阿姨的丈夫杨雪章是哈佛大学经济学博士，毕业后在斯坦福大学任教，按说事业有成。可杨先生有化解不开的乡愁，他说："就冲在美国吃不到豆腐，无论如何也得回国！"上世纪五十年代，他们举家迁回。这下倒是能吃上豆腐了，可杨先生的事业也就此终结。他只在 1962 年出版了一本薄薄的小册子《凯恩斯主义》，里面充满了对"美帝国主义"的批判之词，谈不上什么学术价值。

干校搞基建要脱坯，有一道工序叫"踩泥"，得光着脚在泥里面踩来踩去，起搅拌作用。军代表让汪友泉阿姨干，可她从来没干过这种活儿，不知该怎么踩，可能也有点儿不情愿。结果被军代表狠狠训了一顿，骂她是资产阶级，训得她直哭。

干校没有自来水，我们得到水塘边去洗衣服。母亲身体不好，我不忍心让她干，于是一个人要洗两个人的衣服。当时正值寒冬腊月，塘水冰冷刺骨，洗衣服绝对是个苦活儿。汪阿姨叹了口气说："唉，想当初在美国，衣服都是用洗衣机洗的……"我听了瞪大双眼："什么？衣服还可以用机器洗？"这是我生平第一次听说洗衣机，别提多好奇了！赶忙问："那机器长得什么样儿？"她反过来问："你想象中会是什么样儿？"我说："应该是一个大桶，里面装满水，有几根木棒来回搅拌。"她听了哈哈大笑说："大桶里装水是对的，但没有木棒。"没想到我俩之间的闲聊，居然让一起洗衣服的人汇报给军宣队了。李指导员在全连大会上不点名批判："有人到了干校还宣扬资产阶级生活方式，说什么可以用机器洗衣裳。"汪阿姨听了气得要死，私下里跟我说："这辈子做的最后悔的事就是回国！"

杨雪章先生于1964年患肾病去世，躲过了一劫。"文革"初他们家被抄。后来经济所落实政策，要归还抄家的东西，让汪阿姨列个抄没物品清单。汪阿姨说别的东西都不要了，只要三个儿子的美国出生证。

从干校回北京后，我和母亲还去过汪阿姨家做客。她的大儿子杨安中回国时才9岁，一句中国话都不会说，整天躲在家里不敢出门，一出来就被外边的孩子们欺负，还骂他是"美国佬"。可当我们见到安中时，他早把英文忘光了。他们兄弟三人因"文革"耽误了学业，没有一个上大学的，很是可惜。

改革开放后，汪友泉阿姨和三个儿子去了美国，听说他们后来定居在加拿大。

关淑庄

土坯房盖好后，我们跟关淑庄阿姨同住一室。关阿姨个子很高，有一米七几，腰板儿笔直，满头银发，戴着金丝眼镜，一副学者派头。她讲起话来总是面带微笑，慢条斯理的。

关阿姨1936年考入清华大学。1937年卢沟桥事变后，清华南迁，她便转入燕京大学。因成绩优异，学校为她联系到哈佛大学读书，在那里获得了经济学博士学位。她在统计学上颇有建树，首创将数学中的差分方法（difference，是微积分的一部分）用来分析经济数据，深受哈佛教授的赏识。她毕业后在联合国秘书处工作。由于当时台湾在联合国占据中国席位，因此那些年她实际上是在为台湾当局工作。这使得她回到大陆后格外抬不起头来，"文革"初更被怀疑是美蒋特务。

关阿姨原来学的是计量经济学，回国后根本吃不开。她曾对赵人伟叔叔说："你们所受的经济学教育跟我完全不同。你们的教育背景是两因素（指商品两因素），我们是两条线（指供给曲线和需求曲线），你们那种论文我写不来。"写不来只好不写，结果业务就逐渐荒废了。

新中国成立最初那几年，关阿姨担心自己不被接纳，一直很犹豫要不要回国。可先于他回国的夫君丁声树先生一再写信催促，直到1956年，一封热情洋溢的信，才使她最终下了决心。信中说：

语言学家丁声树

我所以劝你和孩子早日归来，是因为新中国需要你，你也需要在新中国的新鲜空气中陶冶一番。孩子更不用说了，她本是新中国的女儿，不该在资本主义社会里住。我们做为中国人，应该为祖国服务，这是多么光荣多么美丽的事啊！

然而，回来后的工作与生活，

并没有像丈夫信中描述得那般美好。由于长期以来的生活背景，关淑庄与周围的人有些格格不入。她平时很谨慎，话不多。即便是工作上的交流，也很含蓄。

说到关阿姨的夫君丁声树先生，那可是非同凡响。他是学部语言所一级研究员，在语言学几乎所有的领域都有很深的造诣，并做出了重大贡献，这在中国语言学界是不多见的。1932 年，他刚 25 岁，就写了成名作《释否定词"弗""不"》一文，发表在《庆祝蔡元培先生六十五岁论文集》。本来这个论文集是没有稿酬的，可时任史语所所长的傅斯年看到该文资料翔实，论证严密，观点新颖，功力极深，竟破例给了他二百大洋稿费。这件事说明丁先生早年学术水平已经达到一个很高的境界。[1]

1944 年夏，中央研究院派丁声树去美国考察。按照惯例，他得先到国民党中央训练团受训，并要求填写一份加入国民党的申请书。可他却说："入党要自愿，国民党这样腐败，我不参加！"在美国四年间，他在学术研究上有了长足的进展，同时还担任哈佛大学远东语言部、耶鲁大学语言学部的兼职研究员。

就在大好前程向他招手之际，他却于 1948 年 8 月毅然决定回到灾难深重的祖国。当时他们已经有了一个咿呀学语到女儿，由于凑不够举家搬迁的费用，丁先生只得先行回国。

此时国共内战已近尾声，国民党溃败，被追撤往台湾。时任中央

---

1 聂振弢、张秀芹《声树百年——语言学大师丁声树先生百祀纪念》,《南阳师范学院》,2009 年 11 期

研究院史语所所长傅斯年几次找丁声树谈话，请他一同撤离。可他却说："我只知道国民党已经腐败透顶，没有义务跟着跑。共产党究竟怎样我不知道，但无论如何总不会比国民党更坏吧？没有什么可怕之处。"当时史语所的图书仪器、古物标本，以及绝大部分工作人员都迁到台湾了，丁声树还是坚持留在南京迎接新政权。[1]

新中国成立时，丁声树正值壮年。他对西方语言学和中国传统语言学都有深刻的理解，可谓学贯中西。1950 年中国科学院语言研究所成立后，他担任语法组组长，在全国方言调查和推广普通话方面做了大量工作。

丁先生积极要求进步，还入了党。夫人关淑庄感到大惑不解，问他的朋友周一良："你和声树都是书呆子，为什么现在却热心于政治？"经济所前所长赵人伟曾与他们夫妇是邻居，住在同一栋楼。据他回忆，丁声树先生非常自律，完全舍弃个人名利，简直是个圣人！改革开放后，国家为了照顾一些高干和高级知识分子，在北京钓鱼台附近南沙沟建了一个高档小区，俗称"部长楼"。学者钱锺书、骆耕漠、画家黄永玉、李苦禅等都搬到那里居住。丁声树于上世纪五十年代就被评为一级研究员，组织上考虑到他的级别和学术贡献，在南沙沟小区给他分配了一套四居室住房。可他坚决不要，并说服家人，仍住在经济所普通职工宿舍楼。那栋楼没有电梯，他们夫妇每天都要爬上爬下，很是辛苦。在日常生活中，丁先生甚至以贫下中农标准要求自己，一直不肯喝牛奶、吃鸡蛋。

---

1 《丁声树：从爱国主义到共产主义》，中国社会科学网，2021 年 11 月 2 日

从 1961 年开始，在周总理的亲自过问下，丁声树继吕叔湘之后，主持编纂了《现代汉语词典》。这是中国首部权威的现代汉语规范型词典，凝聚了丁先生后半生的心血。可他却坚决不同意在词典的封面上写"丁声树主编"，而是署名"中国科学院语言研究所"。

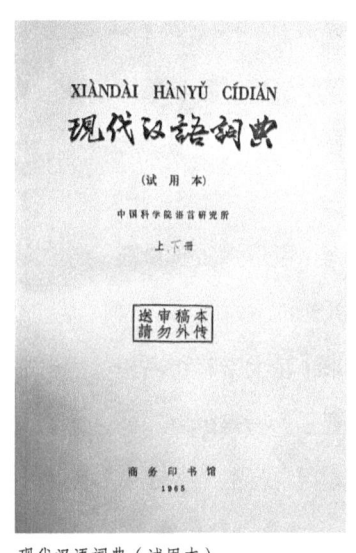

现代汉语词典（试用本）

然而 1966 年"文革"爆发后，丁先生被打成"资产阶级反动学术权威"，惨遭批斗、游街，研究工作戛然而止。

1970 年 3 月，丁声树也来到干校。此时的他已年届花甲，语言所还算照顾他，只让他干烧茶炉、喂鸡等轻活儿。虽说他和关淑庄是两口子，可他们却只能分别住在本所的集体宿舍里。干校学员每隔十天休息一次，叫大礼拜，这时丁先生就会从语言所干校点儿赶过来探望夫人。因为是休息日，宿舍里的人都在，完全没有隐私。结果他俩只能说一些桌面儿上的话，什么："你要好好改造思想啊……"，听起来怪怪的。

关阿姨有时会跟我们拉拉家常。她说自己实际上是满族人，娘家原姓瓜尔佳。后来满人统一改姓，他们就姓关了。她家隶属镶黄旗，是前清贵族，因此才有条件在年轻的时候上燕京大学，继而赴美国留学。在哈佛读书时，有一次看到一帮人手持乐器吹吹打打朝她走来，还以为是什么节日。结果人家说是因为她的学习成绩特别优秀，打破了哈佛经济系多年的记录，为此授予她金钥匙奖。那些人是来向她祝贺的。

关阿姨1956年决定回国。联合国秘书处为她送行，专门打制了两个巨形木头包装箱，把她家所有的家具、钢琴、箱子等都装了进去。托运的大木箱到达北京后，她的第一个工作单位——国家统计局，找来十轮大卡车和吊车将其运往三里河宿舍，结果把那一带的交通都阻塞了。后来统计局征得他们夫妇同意，把大木箱拆了，用那些上好的木料，打造了多套办公桌椅。

"文革"后期，丁声树先生又重新主持《现代汉语词典》编纂工作，社会地位迅速跃升。这时他们的女儿丁炎已二十好几，到了该谈婚论嫁的年龄。她心地非常善良，又听父母的话，关阿姨为女儿择偶开出了极其苛刻的十大条件。如今我已记不全那十大条件，只记得其中四条：一．共产党员；二．红五类出身；三．大学毕业；四．身高一米八以上……让人不禁想到按图索骥的故事。

当时上门提亲者络绎不绝，可一看这十大条件都纷纷摇头，说这些条件不可能同时集中在一个人身上。世上无难事，只怕有心人。结果居然就有人介绍了一个能完全满足这些条件的年轻人。他贫农出身、共产党员、清华大学工农兵学员、身高一米八几……丁家一看，乃大喜，于是很快就成了亲。丁炎跟他头几年过得还行，生了一个女儿。可到了1979年10月，丁声树先生突发脑溢血住进医院，后来病情逐渐恶化，竟成了植物人。丁家这位乘龙快婿认为时机已到，决定抢班夺权。他要求丁炎交出装有贵重物品的柜子钥匙，丁炎不肯，他竟把丁炎关在厕所里痛打一顿。这位顶着十大优越条件的女婿，不良居心终于暴露。关淑庄和女儿下定决心将其扫地出门。结果他留下孩子，离婚后净身出户。

这段婚事伤透了丁炎的心，从此以后再也没嫁。她的不幸在很大程度上是母亲一手造成的，关阿姨事后一定很自责吧？

上世纪八十年代，一次哈佛大学教授、世界银行第一副行长霍利斯·钱纳里（Hollis B.Chenery）到经济所访问，见到了关淑庄。这时翻译赶过来帮忙，钱纳里笑了，说："我跟她之间哪里还需要翻译！"原来他跟得过金钥匙奖的关阿姨在哈佛是同班同学。想不到的是，几十年后再次相见，他们俩人的境遇却有天壤之别。

改革开放后，丁炎赴美国马里兰大学读书，继而到哈佛深造。后来关淑庄带着外孙女也去了美国。1992年，经济所赵人伟赴哥伦比亚大学做访问学者，其间专程前去探望。看到她们祖孙三代三个女人同在一座屋檐下，所租住的房子就在哈佛大学附近。我猜她们住在那儿是缘于关阿姨的怀旧情结，她一生中最美好的时光就是在那里度过的。

关淑庄于2012年11月6日病故，享年93岁。

孙世铮

孙世铮伯伯跟母亲是好朋友，在干校的时候我们经常一起聊天。

孙伯伯早年毕业于西南联大，后在北京大学任助教，之后赴美国芝加哥大学留学，专攻计量经济学。

计量经济学家孙世铮

解放初期，他满腔热情奔向祖国，参加新中国建设。

孙伯伯与杨振宁早年在西南联大就认识，到了芝加哥大学更同住一室。杨振宁因其岳父杜聿明是共产党阶下囚而不敢回国。孙世铮临行前杨对他说："我虽然现在不能回去，但爱国之心一点儿也不比你少，将来也要报效祖国。"

孙伯伯回国后到经济研究所工作。领导说他在美国学的计量经济学是资产阶级的一套，让他彻底忘掉，从头学习马克思主义经济学。从那以后他就一蹶不振，业务多年来处于荒废状态，只在1962年与巫宝三、胡代光合作编写了一本《经济计量学》教材，1984年出版过一本《经济计量学》；而杨振宁却获得了诺贝尔奖，誉满天下。孙伯伯与杨振宁两个人受教育的过程几乎完全一样，又都非常爱国，可之后在各自的学术领域取得的成就却天差地别。虽说个人才能和机遇不可能都一样，但总不至于差得那么远吧？

孙世铮伯伯特别喜欢古典音乐。一次干校高音喇叭里播放舞剧《红色娘子军》选段——《快乐的女战士》，他说："我怎么老有一种错觉，这个时候从舞台侧幕翩然而至的不是女战士，而是扑棱着翅膀儿的小天鹅呢。"他解释之所以如此，是因为《娘子军》的两位作曲者——吴祖强和杜鸣心都是五十年代留苏的学生，就读于柴科夫斯基音乐学院，深得老柴的真传。写《娘子军》时借鉴《天鹅湖》也就不足为奇了，"洋为中用"嘛！我那时候学小提琴，可对他谈的这些音乐话题却一无所知，感到特别有趣。

孙伯伯知识面很宽，博古通今。他说起什么，都能讲出背后的故事，人称"孙典故"。他常讲一些名人轶事，如：杨振宁的父亲是大数学家杨武之，可他却不让自己的儿子学数学。当时人们不解，说子承父业该有多好呀。可他却说，之所以不学数学，是因为诺贝尔奖里面没有数学奖。人们听了都说他太狂妄，简直是讲疯话，结果还真让他说中了！

孙伯伯还谈到这样一件事：杨振宁获得诺贝尔奖后，大家都觉得了不起。有个美国人问他："中国得过多少年才能出一个你这样的奇才？"杨振宁笑了，说："你错了，中国人聪明得很，像我这样的人很多，我想至少得有一千个吧！"

孙世铮于 2013 年 2 月 7 日病逝，享年 94 岁。

1957 年反右运动后，几乎再也没有去西方国家留学的人回国。时至今日，我耳畔仍回响着汪友泉阿姨那句话："这辈子做得最后悔的事就是回国。"

安营扎寨

学部干校面临的首要任务是解决住的问题。前文提到，经济所刚下去时，只能安排男同志住棉花仓库；女同志住公社粮管所；家属住卫生所、兽医院。我们这些人几乎占用了当地所有的公房，给人家造成了极大的不便。这些房子都是临时借的，得尽快腾出来，于是干校把基建作为头等大事来抓。

如果直接建土坯房，一时备不齐料，且过于费时、费力，不现实。为了早日解决住的问题，决定基建分两步走：先建临时性住所——席棚子，然后再逐渐过渡到土坯房。

基建工作从 1969 年 12 月正式开始。当地划拨给学部干校八千亩地，人们在大平原上选址，席棚直接建在收割后的庄稼地里。虽说是临时住房，也得经过精心测量、设计、绘制图纸。

负责基建测量的，是考古所的一个叔叔（忘记姓名）。当时考古所尚未下干校，这位曾经参与过全国多处考古遗址测量的人，被提前派下来搞基建。他先在田野里凡是有道路、山坡、树木、建筑的地方选点，竖立起标杆，然后用专业仪器测出那些杆儿与杆儿之间的距离、高度差等各种数据，绘制出东岳地形地貌图。学部真是人才济济，连这等专业人员都能找到，让其在干校"发挥专长"。

搭建这种简易住房无需打地基，但还是得在地上垫土、夯实。房子四周埋上木桩，作为支柱。席棚没有椽子，只有檩条。把用麻绳扎成的秫秸把搭在檩条上。棚顶上面盖一层塑料布，再铺上油毛毡，压上石头，然后用绳子固定。席棚的墙也是用秫秸把做的，外面糊泥，最外头围一层席子，故称席棚。那模样跟半坡先民们搭的棚子相去不远，唯一不同的是有一扇木门，还配了锁。

基建任务紧，人们大干快上。男同志负责挖坑、埋桩、和泥、抹墙；女同志打秫秸把；老弱病残搓麻绳。仅仅用了两个多月，就建成三座席棚。住在棉花仓库的里的男同志乔迁新居，女同志也随后陆续搬家。

这新搭的窝住起来特别不舒服。首先，席棚面积有限，可每个棚至少要住进二十多人，比以前更拥挤了。其次，刚住进去的时候没有蒙窗户用的塑料薄膜，棚里一片漆黑，大白天也得点灯。再有，席棚建在泥土地上，非常潮湿，箱子不能直接摆放在地上，否则很快就会发霉，得在底下垫砖。箱子垫高了，床板也只能跟着升高，否则就无法拉出箱子取东西。结果床板离地面有七十多公分，比桌子还高。这样上床就很费力，得双手使劲儿撑床板才能爬上去。坐在床上脚悬在半空，大伙儿每天晚上就是这样坐在床上开会、天天读（每天聚在一起学毛主席语录）。

春天来临，人们忽然发现床底下钻出很多嫩芽。原来这块地头一年种的是大豆，收割时散落下来的豆子，此时生根发芽，破土而出，真是春风吹又生！席棚里没有阳光，那些豆苗都齐刷刷地朝着有光亮的方向长，表现出顽强的生命力。到了夏天，箱子上居然还长出了蘑菇，足见席棚里有多潮湿。遇到阴雨天，被子潮得恨不能攥出水来。人们进进出出，把外面的泥水带进来，屋子里的土地变成了泥地，弄得到处都是泥，真成了"滚一身泥巴"。住席棚还有一个难言之隐：厕所离住处太远，夜晚上厕所有困难。男同志还好办，女同志只好以洗脚盆充当厕所。全宿舍的人都这么干，气味可想而知。

人们迫切希望改善居住条件，于是经济所从1970年2月开始建土坯房。这是一种永久性住房。每排房子坐北朝南，隔成若干间。东西两面山墙全部由砖砌成，房子的支柱也是用砖砌的，墙是用土坯垒的，屋顶上还铺有大瓦片儿。比起席棚，这简直就是宫殿了！足见当年干校学员真做好了安营扎寨的打算。经济所建土坯房的这种规格，后下来的其他研究所纷纷仿效。

建土坯房困难重重，最难莫过于备料。木料要自己买，砂子要自己拉，土坯要自己脱，瓦要自己做，砖要自己烧……

土坯房顾名思义得有土坯。脱坯是壮劳力的活儿，特别辛苦。首先得和泥。人们学当地人的样子，往粘土堆里掺水，勇敢者脱下鞋，赤着脚在泥里面来回踩，叫踩泥，起搅拌作用。然后掺进铡碎的麦秸，以提高土坯的强度。这时就不能再用脚踩了，否则麦秸会把脚划伤，只能用铁锹翻搅。加了麦秸的泥特别粘稠，搅拌起来非常吃力。脱坯的时候用一个木制的框子，把和好的泥用力甩在里边，上面抹平，再把框子取下来。等土坯晾干后，就可以当砖来用了。干校基建对土坯的需求量大得惊人。为了多出坯，七连（经济所）领导挖空心思，专门组织了脱坯比赛和脱坯大会战。顾准在日记中记录了1970年11月的那场脱坯大会战：二排（政治经济学组）仅用六天的时间，共脱坯10500块；全连（经济所）脱坯35000块。

盖房用的大瓦片儿是干校学员自己用制瓦机做的。说是"机"，实际上只是一个瓦块模子，往里面填充搅拌好的水泥，上面盖一块金属板，用人力夯实。这活儿也特别累，当时同宿舍的陈长源、方留碧两位阿姨每天就干这个。傍晚收工回来，腰酸背痛，连说话的力气都没有了。

盖房技术难度最高的活儿是砌墙角，要求把南北向的房屋墙面与东西两面山墙砌成90度直角"。吴敬琏当年是专门负责"把墙角"的高级瓦工。笔者最近见到吴叔叔，他还笑谈在干校期间曾先后为8栋土坯房砌过墙角。

土坯房建好后，女同志先搬入。这房子住起来比席棚舒服多了，冬暖夏凉。地面是用砖铺的，下雨天也不用担心滚一身泥巴了。

经济所作为先遣队，是全学部最早来到东岳的。从1969年11月到达，总共在那里生活了一年零五个月。在此期间虽然也干了一些农活儿，如：积肥、夏锄、秋收等，但主要劳动还是围绕着基建。建房规格是经济所制定的；砖窑是经济所最先修的；脱坯也是经济所第一个动手干的。为了日后浇水灌地，还打了一口三十米深的机井。

除了忙着给自己盖房，经济所还要为陆续下放的其他连队（研究所）修建住房。从1970年7月下旬开始修建"中心点儿"。这是学部机关所在地，外文所、哲学所、宗教所、历史所的房子也建在那里。人们在高温酷暑中连续奋战十几天，盖了几栋土坯房。刚要喘口气，又迎来了八月"大会战"，任务是为中心点修建仓库。那仓库是用水泥砌的砖房，要求甚高，吴敬琏叔叔还是担任瓦工。仓库还没盖完，北京的大队人马又要下来，还得给他们盖房。建房子、抢农时，在近一年半的时间里，大家就这样马不停蹄地连轴转。有时为了抢在大雨前把房子盖好，凌晨四点半就得起床，五点上工，一直忙到晚上九点才收工，个个累得精疲力尽……

可计划赶不上变化。正当人们热火朝天搞基建，立志大干两三年，把干校驻地——东岳老塘坡，建成"大寨式农场"时，1971年3月25日，在全校大会上，突然宣布学部干校要从东岳搬迁到明港，住进一座废弃的军营集中搞运动。据说是因为中央认为学部干校抓革命不力，搞生产耽误了清查"五一六"。

这消息来得如此突然，学员们简直不知所措。有的研究所房子已经盖好,还没来得及住;世界经济研究所经过连夜会战建的一座土坯房,屋顶已经铺上了油毛毡,还没盖瓦。可瓦厂却把最后出的一批瓦交给了哲学所,让他们好歹把未完成的一幢房子盖完。

人们头一天还豪情万丈地筹划下一步集中力量搞农业生产,仅仅一夜之间,又得为搬迁的善后处理大伤脑筋。人可以一走了之,可养的那些猪怎么办?为了把这些丹麦猪养肥,饲养班的学员不知花了多少心血。最初他们舍不得,说要带着走,可想想觉得不现实,结果还是决定卖掉。眼看着猪一天天减少,最后只剩下空荡荡的猪圈。

场上堆的柴火成批出售。由于价钱便宜,前来拉柴的牛车络绎不绝。红麻卖给了当地小学,学校组织学生来扛。干校驻地那几天热闹非凡。

学部干校于1971年4月4日从东岳迁往明港。搬家那天来了许多老乡,都是附近村子里的农民,男女老少倾巢出动,围在旁边观看。胆子大的就过来问:这个你不要了吧?那个你不要了吧?或者干脆硬拉。他们什么都要,破铁皮、烂席子、穿旧的鞋,就连一根棍子、一节柴禾都不放过。

经济所指定陈长源、汪盛熙、顾准等二十五人留守了三天。后来当地派来一个连的正规军驻守,每个干校点儿安排一个班,把留守人员替换下来。可惜这支部队只守了一个星期就撤了。当地农民得知这一情况,蜂拥而至,把干校建的房子几乎全部拆光,只为了哄抢那些盖房用的木料、砖瓦,及铺在瓦片下面的油毛毡、苇席、盖席棚用的秫秸把等。木料和砖瓦在当地是非常难得的建筑材料;而苇席和秫秸把可以当作燃料,烧火做饭。在那片广袤的大平原上,由于所有的树几乎都在五八年大炼钢铁时被砍光了,农民缺少燃料,做不熟三顿饭,苇席和秫秸把对他们来说是上等燃料。结果干校学员辛辛苦苦干了近一年半的基建，成果所剩无几。

劳动锻炼

干部下放，据说目的是去劳动锻炼。可何为"锻炼"？杨绛先生的看法是："经受折磨，就叫锻炼。"[1]

学部这帮知识分子，做学问是行家里手，可干体力活儿就难说了。特别是他们年龄普遍偏大，体弱多病者甚多。经济所干校学员自嘲说："我们是上至七、八十岁的老头子，下至三、四十岁的小伙子。"顾准在日记中记述："巫宝三脱坯，章有义制瓦，杨坚白和泥，骆耕漠装麻，林里夫拉车……"上述研究人员当年都已年过六旬，干如此繁重的体力劳动实在是不堪重负。

全所要数经济史组的人年龄最大。由三位老人组成的挑粪班，平均年龄竟高达 73 岁。班长严中平下干校时已年届七十，背有些驼，戴一副黑边眼镜，文质彬彬。他早年毕业于清华大学法学院经济系，后赴英国进修，在中国棉纺织业史等领域的研究上颇有建树。每当他挑起两只沉重的粪桶，走起来颤颤巍巍、晃晃悠悠，粪水溅了一身，总是一副斯文扫地的样子。

当年经济所吴敬琏、赵人伟、陈瑞铭（绰号"狗熊"）等人三十

---

1 杨绛:《干校六记》，三联出版社，1981 年

多岁，属于小伙子一类，是壮劳力，干什么活儿都得冲到前面。今天回过头想，真是太难为他们了。

我母亲身体不好，患有高血压、心脏病。她出身书香门第，在家连地都不会扫，更别提干农活儿了。到了秋收要割麦子，这可是最苦的活儿。面对一眼望不到边的麦地，愁死她了！这时狗熊叔叔挺身相救。他出身于浙江金华一个贫农家庭，五十年代留学苏联，年轻力壮，干农活儿绝对是把好手。他说："老张，你看咱俩结成对子，一帮一、一对儿红如何？"母亲听罢乃大喜，赶紧站在他旁边。割麦子的时候大家在地头一字排开，每人割五垄。刚开始还齐头并进，很快就拉开了距离，母亲远远落在最后。她心里着急，挥镰乱砍。忽然眼睛一亮，发现面前的麦子越来越少，从五垄逐渐变成四垄、三垄、两垄，最后只剩下细细的一垄。可单割这一垄，她还是大大落后。干着干着麦子

陈瑞铭（狗熊）在干校

没了，赶紧一溜儿小跑跟上，继续割那时断时续的一垄麦。田间休息的时候，狗熊叔叔悄悄对母亲说："这点活儿对我来说其实算不了什么，即便一个人割十垄也绝不输给别人。可都帮你割了吧，不大合适。没想到只留一垄，你还是赶不上。"母亲心里别提多感激了，一个劲儿地道谢。

其实，对繁重的体力劳动感到难以承受的，绝非母亲一人。顾准伯伯在日记中也记述了1970年那场麦收。他说腰实在弯不下去了，只好跪着割。可他是"阶级敌人"，没人敢帮。很难想象，当年他是如何咬着牙坚持下来的。那些日子他经常抱病参加劳动，发低烧且痰中带血。我猜那时他的肺部大概已经有了早期癌变，只是自己不知道罢了。

写到这里，笔者再次仔细读了顾准的《息县日记》，发现他在干校期间从事的劳动种类极其繁多，其中有：拉沙子、拉木材、拉石灰、挖土、抬土、脱坯、制瓦、和泥、供泥、打夯、出窑、卸砖、砌墙、做小工、上屋架、卸洋灰、筛沙、勾灰缝、搭脚手架、挖埋杆子窟窿、打秫秸把、泼石灰、菜园修干渠、挑水、掏井、耪地、撒化肥、割麦、栽白薯、种豆、运粮、菜园翻地、积肥、建猪圈、喂猪、起猪圈、担粮、翻白薯秧、种萝卜、栽菜、挖树坑、割红麻、脱玉米粒、捆麻皮、刨花生、刨白薯、拉劈柴、修路、做煤饼……细数下来，竟多达四十九种！

现在想想实在荒唐：像顾准这样的知识分子，不让他好好做研究，发挥其专长，却要弄到农村去干各种各样的活儿，是对人才极大的浪费。

劳动锻炼使年纪大的人苦不堪言；对不那么年轻的"小伙子"也

绝不轻松。吴敬琏下干校时已经 39 岁。1970 年底，他被打成"五一六反革命分子"，送到条件最艰苦的劳改队。这下他跟顾准倒成了干校的另类同窗。一次，他俩一道起猪圈，吴叔叔对这个活儿估计不足，试了一下才发现，东岳的粘土与猪粪混在一起极其粘稠，根本铲不动。这时顾准伯伯走过来，看看他那瘦弱的身躯说："你哪儿干得了这种活儿，让我来。"这份患难中难得的关爱，吴叔叔一直铭记在心。

劳动锻炼不仅苦，有时还险。一次，二排（政治经济学组）为了烧砖，要翻修一座当地农村废弃的旧砖窑。这种窑是向下挖的，有点儿像井，底部空间很大，一窑可以出 3 万块砖。基建任务紧，急需用砖。为了赶时间，头一天刚砌好墙，里面的泥巴还没干，第二天就要进去抹泥。早晨出发前，排长沙吉才做动员报告。他这个人说话特别啰嗦，人称"沙啰嗦"，说起来没完没了。什么："大家干活儿要发扬一不怕苦、二不怕死的精神。"什么："我们不打无准备之仗。干活儿之前要充分做好准备工作，备砖、备料，哪一样都不能马虎……"人们倒也乐得他啰嗦，这样可以晚些出工。他花了足足四十分钟，才把动员报告作完，于是大家排着队朝砖窑走。刚走到跟前，只听"轰"的一声巨响，刚修好的窑塌了。人们惊呆了，半天缓不过神儿来。事后大家说："真得好好感谢沙排长，他这一啰嗦，救了二十多条人命，要不咱们都埋在里头了！"这场事故发生在 1970 年 4 月 1 日。当年险些丧命的人当中，就有董辅礽、张卓元等好几位改革开放后活跃在学界的著名经济学家。

干校学员在劳动中偶尔还会与当地农民发生摩擦。一次，我们的人在地里收麦子。扎成捆的麦子还没来得及运走，附近村里的老人、孩子便一拥而上拾麦穗。这本来没什么，地以前就是人家的，拾些麦穗倒也无妨。可胆子大的农民抱起整捆的麦子就跑，干校的人不得不出来制止。一个老太太跑得慢，被拦住不许拿。她气愤不过，坐在地头不断大骂："我靠干校的娘！我靠干校的娘！"刚开始人们不解"靠"的意思，听着听着便悟出来了。有位烈士出身的学员实在听不下去，便走过去对老太太悄悄说了几句什么，但见老太婆瞬间闭嘴，颠着小脚忙不迭跑掉了。人们好奇这位仁兄究竟用了什么招数？他说我告诉她："干校哪来的娘？干校是毛主席叫办的，他老人家才是干校的爹，您老可千万莫要乱骂。"[1]

　　劳动过程中有时还会发生一些趣事。一天，大家在地里干活。田间休息的时候召开学习毛主席著作讲用会，军宣队黄参谋先训话。他讲着讲着突然提高声调说："同志们，告诉大家一个好消息，就在这里，就在你们脚下100米深的地方，就有煤呀，同志们！"大伙听了觉得好笑，河南、安徽一带有煤矿尽人皆知，可这位黄参谋却如此少见多怪，于是背地里送给他一个雅号："黄有煤"。这个外号很快就传开了。文学所有个书呆子，到了干校满脑子还是他正在构思的一部长篇历史小说，开会总是走神儿。他不知道这个典故，还以为"有煤"是那位军代表的大名。一天，他迎面碰上黄参谋，躲避不及，只好恭恭敬敬地招呼道："黄有煤同志，您好！"对方愣住了，丈二和尚摸不着头脑。

　　文学所图书馆下干校带去不少书，有好几个版本的《金瓶梅》，

1　沙予《海角梦华录——钓翁澳洲手记》，天地图书有限公司，2014年1月

其中有一套被军宣队的人借走不还，推说弄丢了。"黄有煤"听说文学所有书，就跑来借。他问："毛主席提倡要多读点历史，有没有白话二十四史？"结果这事又传为笑谈。

劳动锻炼苦，可知识分子会苦中作乐。1970年10月2日，学部干校举办国庆文艺汇演。七连（经济所）出了两个节目：一是话剧《修砖窑》，讲的是二排战士如何发扬"一不怕苦、二不怕死"的精神，跟时间赛跑，冒险抢修旧砖窑的故事（实际上是事故）；二是《打井号子》，表现七连战士在打井时，通过唱劳动号子，心往一处想，劲儿往一处使。大伙儿一致推举狗熊叔叔写歌词，他的文笔在经济所是有名得好。头一天他点灯熬油忙活了一晚，歌词炮制成功。演出道具是两根绑成十字形的长竹竿，人们分四组站在竹竿后面，模仿打井时推着钻井机转圈儿。一人领唱，其他人跟着附和："同志们呀，呼——嘿！加油干呐，呼——嘿！五七路呀，呼——嘿！炼红心呐，呼——嘿！……""演员"们转了一圈儿又一圈儿，头都转晕了。

杨绛先生在《干校六记》一书中，绘声绘色地描写了这个节目："演员一大群，没一句台词，唯一的动作是推着钻井机团团打转，一面有节奏地齐声哼"嗯哼！嗯哼！嗯哼！嗯哼！"大伙儿转呀、转呀，转个不停——钻机井不能停顿，得日以继夜，一口气钻到底。"嗯哼！嗯哼！嗯哼！嗯哼！"那低沉的音调始终不变，使人记起曾流行一时的电影歌曲《伏尔加船夫曲》；同时仿佛能看到拉纤的船夫踏在河岸上的一只只脚，带着全身负荷的重量，疲劳地一步步挣扎着向前迈进。戏虽单调，却好像比那个宣扬"不怕苦、不怕死"的烧窑剧更生动现实。散场后大家纷纷议论，都称赞这个节目演得好，而且不必排练，搬上台现成就是戏。

2013年10月，笔者回北京时，还见到了狗熊叔叔。当年那个小伙子，如今已是年近八旬手拄拐杖的老人。跟他谈起杨绛先生在书里描写了那个打井号子，说使她联想到《伏尔加船夫曲》。陈叔叔听了哈哈大笑说："快别提了，人家杨绛可是研究外国文学的，听到我写的连打油诗都不如的号子词，当然要调侃一番啦。"

经济史学家严中平

劳动锻炼不仅通过文艺演出来表现，更与政治学习、思想改造相挂钩。在活学活用毛主席著作讲用会上，董辅礽叔叔作了题为"革命加拼命，拼命干革命"的报告。他是二排（政治经济学组）排长，每天带领全排"战士"干活儿，自己当然要身先士卒了。

经济史组组长严中平老先生在"斗私批修"会上发言，讲自我改造心得，题目是"玫瑰香与鸡蛋黄"。那时候他在菜园子干活儿，育秧的时候要用粪肥。肥料里有些粪便没化开，还是一团一团的，像鸡蛋黄。为了充分发挥粪肥的效力，得用手把"鸡蛋黄"捏散。干完活儿后手上就有一股臭味儿，怎么洗也洗不掉。他说自己刚开始干的时候还有知识分子的清高，对这种味道非常厌恶。可过了一段时间立场变了，感情也就随之改变。感觉那大粪不仅不臭，还有一股玫瑰花的香味儿。

哲学家、宗教学家任继愈

以同样角度检讨自己的还有宗教研究所所长任继愈。他在"斗私批修"会上说：刚开始背粪筐觉得不好意思，拣粪只拣牲口粪。一次碰到一堆人粪，拣不拣？他在粪边徘徊了好一阵儿。这时，他想到毛主席这样一段教导："最干净的还是工人、农民，尽管他们手是黑的，脚上有牛屎，还是比资产阶级和小资产阶级知识分子都干净。"毛主席的教导使他豁然开朗：原来不是粪脏，而是自己的思想脏。他克服了怕脏的思想，终于把粪拣了起来。为此，他还写了一首诗，以表达自己改造世界观的决心。其中两句是："关山千重从头越，贫下中农是吾师。"[1]

学部干校最初的一年多，劳动非常辛苦。任务紧的时候，凌晨5、6点就开始干活儿，晚上9点多才收工。可渐渐习惯后，有的人感觉这种生活也不错。特别是学术水平一般者，甚至认为还是体力劳动省心。干活儿虽然辛苦，但没有写论文的压力，也没有精简机构前的提心吊胆。

---

1 《继续革命，在光辉的五七大道上乘胜前进！》，学部干校1970年总结，油印本

干校生活

刚下去的时候，生活很不习惯。首先是没有电，当地农民天一黑就睡了，他们舍不得点灯，那灯油是用鸡蛋换的，金贵得很。干校的人用马灯，倒是挺亮，就是相当费油。

有那么两天，经济所杜浩智总是低头鼓捣着什么。他戴着深度近视眼镜，干得特别专注。原来他在试着用墨水瓶做油灯。先在瓶盖儿上钻个眼儿，然后穿一根棉捻儿，再往瓶里灌些煤油，就大功告成啦。他捧着这个宝贝去军宣队报告，说这是他发明的墨水瓶灯，比马灯省油，希望推广使用。所里有人私底下说风凉话："中国两千年前就有油灯了，怎么成了他的发明？""他那个灯倒是比马灯省油，可也远不如马灯亮啊。"军代表倒也不傻，知道在巨大的棉花仓库里点鬼火般的墨水瓶灯行不通，此事不了了之。

干校初期伙食特别差，幸好母亲有先见之明，带来不少奶粉、肉松、肉罐头等食品。可那些东西都放在箱子里，而箱子又都集中堆放在一个仓库里，门上了锁取不出来。母亲跟狗熊叔叔商量："这些日子吃得实在太苦了。不瞒你说我带了些食品，可都在箱子里，取不出来怎么办呀？"狗熊叔叔并不正面回答，他摇头晃脑地背了几句陶渊明的《桃花源记》："山有小口，彷佛若有光……初极狭，才通人，复行数十步，豁然开朗。"母亲心领神会，晚饭后带着我假装散步去了仓库。我们绕着仓库转了两圈儿，发现有一小块儿门板是活动的，试了一下，居然可以摘下来。仗着身材瘦小，我从那个缝隙挤了进去，果然是"初极狭"继而"豁然开朗"。找到我们的箱子打开一看，那些宝贝都在！我迅速取出几件，再从箱子堆里爬出来，心中窃喜。就这样，我们每隔一些日子就去"挖宝"，等宝贝挖得差不多时，食堂的伙食也逐渐改善了。

当地供销社只出售两种食品，一是像黑泥巴似的"水果糖"，一分钱一块，除了甜味儿什么味儿都没有；再有就是"大众糖饼"。这糖饼不知放了多久，极其坚硬，里面有白糖馅儿，牙口儿不好真吃不了。一次狗熊叔叔开玩笑，说他不小心把糖饼掉到地上，只听"当啷"一声！母亲笑弯了腰，说："你这掉的是糖饼呢还是袁大头（银元）啊？！"他继续调侃："一口咬下去，差点儿把牙硌掉。吐出来一看，原来是块儿冰糖。怎么还设这种陷阱啊？！"

那里的农民刚开始认为干校的人都是从中央下来的，对我们毕恭毕敬。日子一久，就看出来这帮人跟他们一样，也是凡夫俗子。于是就不再客气，开始偷我们的庄稼，占小便宜，什么都敢干。正如杨绛先生所说："我们奉为老师的贫下中农，对干校学员却很见外。"[1]

当地还流传这样几句顺口溜："高级点心高级糖，高级老头儿上茅房。""下放干部好，穿得破，吃得好，一人一块罗马表。"大概在他们眼里，这是一帮装穷的有钱人。

下放干部普遍穿得破是真的。当时社会提倡艰苦朴素，很多干校学员都穿打补丁的裤子。董辅礽叔叔的裤子尤其破，补丁摞补丁。就连当时担任副所长的老干部、马列主义老太太冯秉珊都看不下去了，说："你穿得也实在太破了，简直是给社会主义抹黑！"笔者至今也

---

1 杨绛《干校六记》，三联书店，1981 年

想不明白，那些原先整天坐在书斋里读书、写论文的脑力劳动者，怎么会把裤子磨破？

说干校的人吃得好，实在不敢苟同。特别是刚下去的那几个月，整天清汤寡水。或许我们感到缺少营养、难以下咽的伙食，在农民看来还是美味佳肴。

东岳逢双日有集，农民把自家出的农副产品拿到集市上卖。我们这些干校子弟刚去时没事儿干，跑到集上转悠。我看到有人卖樱桃，心里痒痒的，便询问价钱。那人说一毛五一两，我还觉得挺便宜，就买了一两。他从筐里随便抓出几个递过来，我问怎么这么少？他说一两就这些。后来我们到公社中学借读，有个农家子弟抱怨："都怪你们这些北京来的人，把物价给抬高了。以前我们这儿的樱桃卖一毛五一斤，现在变成了一毛五一两。"我这才恍然大悟，原来自己以十倍的价钱买了人家的东西。

看见北京来的人，就把价钱抬上去。这也不能全怪农民，干校学员也有责任。一次俞平伯先生到集市上买河虾。这种小虾一寸多长，几毛钱一斤。他大概从来没买过菜，问人家多少钱一只。卖家一定偷着乐吧？虾都是论斤卖的，哪有问一只的价钱？卖者就说你看着给，结果他竟以三分钱一只的价钱买了50只，还不足半斤，却远远超出一斤的钱。大家都怪他太迂腐，这不是明摆着帮人家往上抬价吗！

俞平伯特别喜欢逛集，还为此赋诗一首："明日当逢集，回塘撒网赊。北头供蔬菜，南首卖鱼虾。"这首诗真实记录了息县农村的民情民风，以及俞老处变不惊的生活态度，至今读来仍清新爽朗。[1]

后来食堂伙食逐渐改善，小卖部开始卖酱肉，两毛钱一盘儿，大伙儿都觉得特解馋。狗熊叔叔最爱吃肉，每顿饭必买。吃完又后悔，觉得太费钱，对不起老婆。

干校学员除了带家属者，绝大多数都处于两地分居状态。即便是夫妇俩都在学部工作，一起下放，只因不在一个所，也不得不住在各自的集体宿舍里，人们过的几乎都是禁欲式生活。如今社会进步了，有人开始关注农民工的两地分居问题，可当时却没人理会这些"臭老九"的正当需求。中国人好脾气，什么都能忍，可也有个别忍不了的。哲学所严家其一个人去了干校，新婚妻子高皋却留在北京。有一次他请假去信阳看病，到信阳买了张火车票直奔北京。千里迢迢赶回去，只为了跟老婆之间的"一夜情"。之后立马往回赶，回来居然没被发现。天下没有不透风的墙，这件事后来还是传开了。大家都笑他没出息，当然也有人暗中佩服他的勇气。

干校精神生活极为贫乏，不过知识分子会自娱自乐。有一段时间社会上时兴学唱抗日歌曲，广播里总是播放什么：《大刀进行曲》《毕业歌》《在太行山上》等。董辅礽叔叔嗓子好，主动承担给大家教歌儿的任务。他一句一句地教唱，那嘹亮的男高音至今还在耳畔回响。

干校还有一项文娱活动—观看露天电影。放的片子就那几部，什么：《地雷战》《地道战》《南征北战》，被人们戏称为"老三战"。每次看电影军代表都先把大家集合起来训话，然后就让连长（经济所

1　孙韦奈《俯仰无愧—"文革"中的俞平伯》，《人物》，2007 年第 8 期

干部）把队伍带走，而他们却从不跟着一起去看。等人们回来时，往往看到军宣队办公室的灯还亮着，窗帘挡得严严实实，不知里面神神秘秘在干些什么。

经济学家董辅礽

1972 年 7 月，学部干校接到命令要迁回北京。这些军宣队的人临走前随意乱扔东西，办公室一片狼藉，满地都是经济所的公用信笺，上面写满了玩扑克牌打百分儿的记录。人们这才恍然大悟，原来每当干校学员去看露天电影的时候，军代表们在忙此等"公干"。

1971 年 4 月，学部干校从东岳搬迁到明港，住进一座军营。那原是一所炮兵学校，不知为何废弃了，于是人们将此时的干校戏称为"泡校"。意思是大家都在"泡"，混日子呗！

军队驻地的院子树木繁茂，道路平整。营房是正规的砖瓦房，很宽敞，每个大间约 140 平米，安排住进经济所的一个排（研究组）。门前的屋檐下有回廊，即使下雨的时候从外面进屋，也不会把泥水带进来。虽说还是睡大通铺，但居住条件远比东岳的棉花仓库和土坯房要强多了。

这时干校学员已不再干活儿，集中精力清查"五一六"。经过在东岳一年半的高强度体力劳动，大家松懈下来，每天三饱两倒。

1971 年 9.13 事件爆发后，军代表们似乎嗅出了什么，像泄了气的皮球，远不如以前那么神气了，对下放干部的态度缓和了许多。

学部干校迁到明港后住的部队营房

自从再也不用每天"敬祝林副主席身体健康",大伙开始关注起自己的健康,整天琢磨怎么让自己吃好。没事的时候就捕鱼、打鸟、抓蛇、套野兔、摸泥鳅,什么都干。男同志挖蚯蚓当诱饵,在水稻田里钓鳝鱼,半天就能钓上来一桶;女同志用罐头盒做成的煤油炉烧黄鳝,打老远就能闻到诱人的香味儿。人们自嘲像蝗虫一样,把天上飞的、地下跑的,水里游的全部吃光。

明港镇在京广线上,位于驻马店与信阳之间,交通便利。最令人感到意外的是,那里集市贸易发达,供销两旺。文革期间,农民哪怕是种一点儿自留地,或在自家院子里养几只鸡,都得偷偷摸摸的。当时农村盛行割"资本主义尾巴",每个县城都设有市管会,专抓在自由市场出售农副产品的人。可明港却没人管这些,给人感觉好像不是中国的地盘儿似的。

河南农副产品价格低廉，集市上有不要粮票的大米，鸡蛋七分钱一个，小公鸡一块钱一只。本来当地人不吃甲鱼（俗称王八），可学部这些人跑到集市上买甲鱼炖着吃，结果把当地甲鱼的价钱都抬高了。

那段时间经济所与文学所共用一个食堂，掌勺的大师傅以前是张闻天的厨师，手艺了得！他的拿手好菜是甲鱼炖肥鸡，味道堪称一绝。人们给这道菜冠名为"霸王别姬"，颇为形象有趣。

干校后期，食堂伙食越来越好，可还是明令禁止学员去集市贸易上买东西吃。一次李指导员在大会上说："今后不许再到集市上买老乡的花生，谁要是买了让我逮住，立刻没收！"刚开完会，他就找到当时在食堂担任采买的狗熊叔叔："喂，一会儿出去买菜的时候给我带两斤花生。"狗熊叔叔愣住了："您刚才不是说……"指导员打断他的话："你怎么那么死心眼儿，不会悄悄的嘛！我马上就要探亲了，总得给家里捎点儿东西。"狗熊叔叔这才恍然大悟：敢情军宣队也是人，也爱吃花生……

告密文化

告密又称告发，指向上司或有关部门检举揭发他人的隐私或言行，以博取上方青睐。在中国某些黑暗的历史时期，告密大行其道，"文革"便是其中之一。那个时候，告密有个冠冕堂皇的说法，叫"靠拢组织，向组织汇报"。多数情况是上方得到汇报后，在被害者不知情的情况下进行秘密调查，没问题则罢，有问题就整你。同事、同学、朋友、家人、亲戚等关系之间，都有可能告密或被告密。被害者轻则挨一顿批评教育，重则甚至可能断送身家性命。结果弄得人人自危，除了自己，不敢轻信任何人。笔者在干校期间，亲历的告密事件就有三起，其中两起涉及到我本人，足见当年告密有多盛行。

一件是我与汪友泉阿姨在水塘边洗衣服时的对话被人告发，本文"五十年代老海龟"一节有详细记录，这里不再赘述。下面要讲的是另外两起。

一天，军宣队李指导员把母亲叫到他办公室，指着桌上的一封信说："这是有人交上来的，你解释一下怎么回事。"母亲紧张得心怦怦跳，赶紧拿过来仔细读。原来这封信是我的一个朋友写来的，当时他在河北农村老家插队。通篇并没有任何"反动言论"，只是诉说在农村生活的孤独、苦闷心情，发发牢骚而已。诸如："干不完的活儿，叹不完的气……"李指导员质问写信的是什么人，为何要发泄对社会主义的不满。母亲赶紧解释说："这只是个年轻人，不懂事，我一定负责批评教育。"她吓得心惊肉跳，回到宿舍立刻查看这个人写的其他信件，结果发现那些都没什么问题，仅此一封有消极倾向。由此推测，告密者一定是翻阅了所有的信，单挑这封"有问题"的上交。由于担心军宣队会继续追查，母亲找到好友聂宝璋伯伯商量对策，问是否有必要把其余那些信都交上去，以证明写信的人没什么问题。聂伯伯认为不妥。你觉得没问题，人家会拿放大镜找，说不定就能找出更多的"问题"。不如以静制动，等这件事慢慢冷下来，在此期间千万别再出岔子了。事后我们猜测究竟是谁把信偷走上交的，估计是同宿舍干校子弟邝某燕（此前她曾为其他事向军宣队李指导员告发过我一次），可又没有证据。况且，即便知道是谁，也奈何不了人家。

另一个告密事件发生在二排（政治经济学组）。陈吉元有一台熊猫牌半导体收音机，这在当时可是个稀罕物。干校精神生活极度贫乏，有个收音机听听挺解闷儿，大家都很羡慕。一天，同在一个排的何建章向他借收音机，他痛快地答应了。第二天收音机还回，陈一打开，里面传出："莫斯科广播电台，莫斯科广播电台……"陈吉元一听，这不是苏修的敌台吗！他二话没说，捧着收音机直奔军宣队，汇报了这一重大情况。军宣队很重视，马上严厉追查，在二排召开批判会，并责令何建章写检查。他们质问何为什么要偷听敌台，他只好解释说因为生活太寂寞，才随便听听的。他因此被狠狠整了一顿，事后一定很后悔吧？怪自己不识人，没料到陈某人会为一己之私而告发他；后悔粗心大意，还收音机之前没把调台旋钮随便转一下，那样的话就什么事也没有了。

陈吉元告密事件发生后，有人如法炮制。统计组贺姜请吴敬琏帮他修理收音机。几个月后，吴叔叔被打成"五一六反革命分子"。这时，贺姜向军宣队举报说，之前他从吴敬琏那里取回修好的收音机，打开后发现那个台是《美国之音》。结果"偷听敌台"就成了整吴叔叔的罪状之一。

虽说在"文革"那个黑白颠倒、是非不分的年月，检举揭发他人"反动言行"的做法受到鼓励，甚至可能因此获利。可在中国传统观念里，告密者就是小人，为人们所不齿。这两起"偷听敌台"事件闹得沸沸扬扬，尽人皆知。大家心中暗想：今后对陈、贺二人可得敬而远之了，千万别让他们也咬一口。这一看法很多年都未改变，几十年后人们提起这些事还摇头，你说他们是不是亏大了？

最近读《顾准寻思录》一书时，看到有人对顾准的《息县日记》感到大惑不解，觉得是"官方话语的复制。同为《日记》与《文集》的作者，彼此相去甚远，简直不可思议。"持这一看法的人大概不知道，在那个告密盛行的年代，夫妻为"革命"反目为仇，儿子"大义灭亲"揭发、斗争老子的事时有发生。顾准写息县日记时已挨整多年，家破人亡，对残酷斗争有切肤之痛。他在干校自始至终住集体宿舍，毫无隐私可言。在那个极左的环境下，连我这样一个随家长下放的少年都会被告密，更何况顾准这个右派、监管对象。他很清楚周围时时刻刻都有警惕的眼睛盯着他的一举一动，随时准备向军宣队告发。而他在日记本上写的任何文字，都等同于直接写在军代表的办公桌上。考虑到这一点，他不可能在日记中畅所欲言，必然有所保留，写些官方语言，使内容都能"摆到桌面上"。道理很简单：他要活下去，就得学会保护自己。因此，当我们今天读这些文字，应当不要忘记当时的特殊环境。

清查"五一六"

学部下干校，正值"文革"期间，人整人的政治运动一刻也没有停止过，是干校生活的重要组成部分。

当时的专案组分两套班子，一套叫"历史专案组"，负责审查"叛徒"、"特务"、"历史反革命"等一些老的历史问题；还有一套叫"现行专案组"，专管清查"五一六"。被"历史专案组"审查的那些"老运动员",多是年纪比较大的老知识分子,在"文革"最初三年已经被整得死去活来,到了干校没什么新鲜材料,不是运动的主要对象。干校的运动重点是清查"五一六"。

那时我虽然只有十五、六岁,对政治运动的来龙去脉不大清楚,但整人者下手之狠,被整者生不如死,"群众"跟着摇旗呐喊,批判会上慷慨激昂的发言,却印象深刻。多年来心里有个疑问:为什么这种事会发生在中国? 人们几十年里为什么要彼此斗来斗去,恨不得你吃了我、我吃了你?

笔者在干校期间并没有参加任何政治运动,纯粹是个旁观者。这里记述的,只是当年所见所闻,以及事后向有关当事人了解的一些情况。

钱锺书先生在为杨绛的《干校六记》写的小引中说:"《干校六记》理论上该有七记。"钱先生所说的第七记,指的就是清查"五一六"运动。他说:"在这次运动里,如同在历次运动里,少不了有三类人。假如要写回忆的话,当时在运动里受冤枉、挨批斗的同志们也许会来一篇《记屈》或《记愤》。至于一般群众呢,回忆时大约都得写《记愧》:或者惭愧自己是糊涂虫,没看清"假案"、"错案",一味随着大伙儿去糟蹋一些好人;或者惭愧自己是懦怯鬼,觉得这里面有冤屈,却没有胆气出头抗议,至多只敢对运动不很积极参加。也有一种人,他们明知道这是一团乱蓬蓬的葛藤账,但依然充当旗手、鼓手、打手,去大判"葫芦案"。按道理说,这类人最应当"记愧"。[1]

---

1 钱锺书《干校六记》"小引",杨绛著,三联书店,1981年

干校期间，有个"五一六分子"自杀了，就埋在杨绛干活的菜园旁。可她在《干校六记》里只是说："哎呦，这个坟上什么都没盖，多冷啊！"干校里发生了很多惊心动魄的事，她在那本书里均未提及。殊不知她的女婿王德一就是在北师大清查"五一六"运动中自杀的。她表面上看起来很平静，还跟大伙有说有笑的，内心却十分哀伤。

"五一六"最初的确有这么个组织。1967年5月下旬，在"反二月逆流"运动中，北京钢铁学院的张建旗等人，正式组建了北京钢铁学院"五一六兵团"。这些人代表一种偏激的情绪，主要是反周恩来。他们贴出大字报《给周总理的一封公开信》，认为周是二月逆流的总后台，一步步升级到炮打周恩来。不过，这个组织人数很少，后来证实成员不过几十人，很快就被宣布为反动组织，几个头头被逮捕入狱。当时谁也不会想到，后来由此引发了"文革"期间遍及全国且旷日持久的清查"五一六"运动，成为"文革"期间最大的冤案之一。

1967年9月8日，姚文元写了《评陶铸的两本书》。在这篇文章中，毛泽东亲自加进去两段关于"五一六"的话：

> 请同志们注意：现在有一小撮反革命分子，他们用貌似极"左"而实质极右的口号，刮起"怀疑一切"的妖风，炮打司令部，挑拨离间，浑水摸鱼……所谓"五一六"的组织者和操纵者，就是这样一个搞阴谋的反革命集团，应予以彻底揭露。

> 这个反动组织，不敢公开见人，几个月来在北京藏在地下。他们的成员和领袖，大部分现在还不太清楚。他们只在夜深人静时派人出来贴传单，写标语。对这类人物，广大群众正在调查研究，

不久就可以弄明白。[1]

与此同时，林彪也发话：

　　宁可饭不吃，觉不睡，也要把"五一六分子"抓干净。[2]

当时人们都认为，林彪的讲话传达了"无产阶级司令部的声音"。
　　最高领导的指示一经发表，再加上林彪讲的那番话，立刻在全国范围内开展了揪"五一六分子"运动。这场运动最初目的也许是要对王、关、戚"打倒一切"的罪行进行清算，可真正能跟那几个人挂上钩的造反派头头毕竟是极少数。清查运动发展到后来遍及全国，严重扩大化，把很多参加造反派组织的群众打成"五一六分子"，制造了无数冤案。
　　到了1968年，江青更在3月25日的一次讲话中，对"五一六分子"定出了极为宽泛的标准：凡是把斗争矛头指向"无产阶级司令部"，指向人民解放军，指向新生的革命委员会的"三指向"者，就是"五一六分子"。[3]
　　具体到学部，清查"五一六"运动演变成了你死我活的派系斗争。从1966年8月开始，学部形成了两大群众组织：红卫兵总队（简称总队）和红卫兵联队（简称联队）。后来，联队当中一部分人分化出来，

1　姚文元《评陶铸的两本书》，《红旗》，1967年14期
2　柯云路《极端十年——文化大革命全过程分析》，明镜出版社，2007年3月
3　柯云路《极端十年——文化大革命全过程分析》，明镜出版社，2007年3月

成立了革命大批判指挥部（简称大批部）。

"文革"开始不久，联队占上风。由于这一派受到"中央文革小组"中王力、关锋的支持，于1967年8月随着王力、关锋的倒台而垮台；此后大批部占上风。由于这一派的背后支持者是戚本禹，故于1968年2月，随着戚本禹倒台而垮台。接着又是总队占上风，开始清算联队，继而清算大批部。

学部是清查"五一六"的重点单位。1967年8月，清查运动在各个研究所如火如荼地进行，联队的头头们首先被隔离审查。

专案组为了取得口供，大搞逼、供、信，那个阶段打人特别凶。世界经济研究所在清查运动中搞车轮战，对被审查者进行轮番轰炸，喝令交代问题。让一个"五一六分子"长时间站在放满水的浴缸里，不许睡觉，逼他供出同伙。最后那个人实在受不了就自杀了。当时世经所有好几个人因"五一六"案被逼而自杀。

经济所张守一在"文革"初期参加了国家经委、计委的造反派组织"斗、批、批"（斗争薄一波、批判余秋里、批判谷木联络站），并任该组织的副站长，结果清查运动中被定为"五一六骨干分子"。审查期间，他被拳脚、棍棒打得实在受不了，想一死了之，于是摘掉电灯泡，把手指捅进插口。可那天他恰巧穿的是胶鞋，与地面绝缘，结果没电死，把一根手指烧黑了。活着挨打，死又死不成，最后他只好编造故事，把自己参加的那一派说成是一个完整的"五一六反革命组织"。

经济所周慈敖在"文革"最初的两年里，在社会上到处造反，很活跃。在清查运动中她也被定为"五一六骨干分子"，于1968年底逮捕入狱。1969年学部下干校前，还把她从监狱拉回来在大食堂批斗，后来她就疯了。直到 1973 年她才被释放，这时学部已从干校迁回北京。有一次我在学部大院儿见到她，那时的她很胖，身材完全走形。据说是为了治疗精神病，服用了大量激素所致。

最惨的要数学部资料室的俄文翻译冯宝岁了。1968 年 10 月，冯被打成"五一六分子"，遭隔离审查。据知情人讲，11 月中旬的一天，专案组的人让冯宝岁脱掉毛裤，然后把她带到法学所。一共有 14 个人参与了对她的殴打，一条腿当即被打断。她扶着墙站起来，举着毛主席语录对那些人说："要文斗、不要武斗"。而施暴者竟把一块木板压在她胸口上，几个人站上去踩，致使她心脏破裂而死。[1]

1969 年 11 月，学部下干校，清查"五一六"运动继续进行。在东岳期间是"追组织"；搬到明港之后是"落实罪行"。

1970 年 5 月，学部军宣队在干校中心点儿（经济所附近）的广场上召开大会，正式宣布给曹振中（近代史所）、丁守和（近代史所）、汤重南（世界史所）、王戎笙（历史所）、伟强（哲学所）等人戴上"五一六反革命分子"的帽子，其他一些"五一六骨干分子"坐在第一排陪斗。会后，曹振中、丁守和被送到农村交农民监督劳动。

经济所经君健也被打成"五一六骨干分子"。最近笔者为了解当年清查"五一六"运动，给经叔叔打电话了解情况。据他说：刚下干校时他也住过棉花仓库，但很快就与其他几个"骨干分子"：张曙光、张守一等被关进牛棚。那"牛棚"是当地一所废弃了的小学校，每个人单独监禁，不能随便跟人接触，否则就说你是搞串联。当时整

---

1 邵燕祥《关于冯宝岁之死》,《随笔》2009 年第 4 期

他们的办法是把几个清查对象隔离开来，分别问每个人是怎么加入"五一六"的，结果说得当然都不一样。专案组的人就逼供，搞车轮战，不许睡觉。或者诱供，对他说："某某已经供出来了，说你做了什么，你看是不是这样？"他想：既然某某这么说了，没办法只好顺着专案组提供的线索说吧，于是就承认了。

据经君健讲：他在高压下被逼不过只好乱供。后来思想负担特别重，知道被他胡乱供出来的人接下来也得挨整，蒙受不白之冤，觉得特别对不起人家。而且，每次供了什么人、什么事都得记住，否则下次就会说得不一样。可编出来的口供是假的，记不住那么多，最后根本不能自圆其说。有一段时间他的精神几乎崩溃，好几次想自杀。到后来干脆豁出去了，写了份材料：我在某年、某月、某日之前，所供的内容是真的，那些都是"文革"初期我干的事，跟"五一六"案无关。在那之后的所有供词都是假的，统统推翻。

"翻案书"交上去后，他以为会被整得更惨，没想到很多天都没人理他。原来那个时候已经发生了 9.13 林彪事件，只是他们这些"五一六分子"因为不能参加各种会，不知道而已。9.13 事件后，军宣队泄了气，清查"五一六"运动暂时搁浅。

陈吉元是政治经济学组研究人员。"文革"初期，他与吴敬琏、周叔莲、田光等几位参加了学部群众组织之一——"大批判指挥部"（简称"大批部"），是"一个战壕里的战友"。

清查"五一六"运动开始后，起初他被吸收到"专案组"，参与清查工作，在整人的过程中下手颇狠，大搞逼、供、信。事后还跟别人具体描述过他们逼供、诱供的种种手段。

一次，他爱人来我们这里探亲，发现学部干校各方面条件都不行，不如她所在的煤炭部干校好，于是两口子商量到那边团聚。陈给军宣队打报告，要求调离。

　　军宣队的人说："等这里的工作告一段落就放你走。"结果他爱人刚一走，军代表就找陈吉元谈话："有人检举你也是'五一六'，你知道我们打一个准一个。"摆出一副"请君入瓮"的架势。陈当时就傻了眼。他太了解诸如"车轮战"等逼供手段，被打成"五一六分子"，挨整过程简直生不如死！

　　军代表说：你只要承认是，就放你走。于是他很快就承认了。可人家又步步进逼："光承认还不行，得交代组织成员"。他被逼得没办法，为了好过一点儿，只好瞎编乱咬，说出一系列无辜者，包括：吴敬琏、周叔莲、方留碧、黄范章、乌家培等，说他们也是"五一六"。最令人不可思议的是，陈吉元竟睁着眼睛说瞎话，在排里当面跟吴敬琏对质，说某年、某月、某日，我们俩在哪个房间里整毛主席的黑材料。这完全是无中生有，把吴叔叔气得要死，当然不能承认。

　　被陈吉元供出来的那些人，之后也不同程度挨了整。吴敬琏被定为"五一六反革命分子"，送到劳改队，还在干校里游斗，倍受冤屈，事后吴敬琏对陈吉元很有意见。陈只好解释说：自己实在是被逼得走投无路，才乱说的。

　　1970 年阴历大年初一，天气格外晴朗。人们纷纷出来整理内务。同样被陈吉元供出而挨整的"五一六分子"周叔莲，看到离他五十米开外的吴敬琏正在洗衣服。二人彼此对视，却不能交谈。吴便开口唱了一句样板戏："要学那泰山顶上一青松。"当时在逼、供、信的重压下，很多人已被迫承认自己是"五一六"。吴敬琏用"泰山青松"向周叔莲暗示：他没有承认，让周也挺住。[1]

清查运动搞到后来，所有被揪出来的"五一六分子"，除了别人的口供，没有任何其他证据。于是口供便成了定案的唯一依据。被揪出来的"五一六分子"，在逼、供、信的胁迫下，编出来的"故事"越来越离奇。学部有个重点审查对象，迫于高压，写了数万字的所谓"反革命政变计划"。其中说：考古所"五一六"的任务，是从考古所挖地道通往中南海；历史所"五一六"的任务，是冲进中南海绑架毛主席。如此离奇荒诞的故事，但凡有点儿脑子的人，都会认为是胡说八道。然而军宣队却如获至宝，把这当成是"五一六"的重要罪行。[2]

经过一轮轮整肃，七连（经济所）竟有100多人被打成"五一六"分子，超过全所总人数1/3。即便如此，有人还嫌少。到了清查运动后期，军宣队也发觉再这样整下去不对头。他们想纠正，却阻力重重。

1972年7月，学部从干校迁回北京。那时全学部还有69个"五一六骨干分子"不许回家，集中住在学部大院历史所小礼堂。经济所不许回家的有：吴敬琏、经君健、张守一、张曙光等人。吴叔叔不管那套，干脆来个自我解放，自己回家了。

这时清查运动已进入尾声，逐渐停顿下来。有些专案组成员也感到困惑，开始怀疑是否真的存在"五一六"这么个组织。因为那些被审查者所交代的内容大多不一致，甚至前后矛盾。且除了口供没有任

1　周叔莲《我渴望自由》，《无罪流放》，光明日报出版社，1998年

2　孟祥才：《我成了学部"五一六"政委》，《炎黄春秋》，2008年第9期

何物证，根本无法定案。

到了 1974 年底，军宣队撤离，又换了一批新的工宣队。这次来的工宣队主要任务是给审查对象落实政策，结果几乎每个人的结论都是"经过审查，没有问题"。"五一六"案就这样被"一风吹"了。

从文革开始至今，已经过去了五十多年。现在回过头看那个非理性年代，确实有很多问题值得思考。诚然，"文革"初期那些到处造反，权利欲旺盛的造反派急先锋们，做了很多过火的事，给社会带来极大的伤害；而事后将这批人打成"五一六"分子，用逼、供、信手段往死里整的专案组做得也很过分。可说到底，上述两种人在"文革"这场政治运动中都是受害者，不过是人家利用的棋子。我们不能忘记这场运动本身的邪恶，更不应忘记这场戏的导演才是真正的罪魁祸首。

中国有句成语叫"前事不忘，后事之师"；西方也有成语称"Fool me once, shame on you; fool me twice, shame on me"（愚弄我一次是你坏；愚弄我两次只能怪我自己。）讲的都是要接受失败的教训，不可栽同样的跟头。我们做为"文革"的目击者、亲历者，既有责任把当时的真实情况记述下来，也希望中华民族再也不要栽"文革"那样的跟斗，以致事后对自己说"shame on me"。

在公社中学借读

刚下去时，我们这些干校子弟整天无所事事。有的孩子淘气，在外面惹是生非。经济所魏某某的儿子抓住老乡家的鹅，把翅膀绑起来扔到水塘里，差点儿把人家的鹅淹死，气得老乡到干校告状。领导很头疼，不得不认真考虑怎样安排这帮孩子。结果决定十四岁以下的到当地学校借读；十四岁以上的自己选择，要么去机务班学开拖拉机，要么到公社中学借读。我选择后者，于是跟其他十几个孩子一起去了东岳公社中学。

当地学生听说北京来的孩子要跟他们一起学习，别提多高兴了。这些农民的后代用五颜六色的纸做成彩旗，在老师的带领下，打着纸糊的小旗子夹道欢迎我们。他们兴奋地一边鼓掌，一边不断高呼："向干校子弟学习！向干校子弟致敬！"那情景让人联想到当年北平市民欢迎解放军进城。

这是一所戴帽中学。所谓戴帽，就是在小学的基础上增设初中，有点儿类似给人戴了顶帽子，这在上世纪六、七十年代的农村学校比较普遍。这所学校条件很差，只有几间土坯房，围成一个不大的院子。学校没有操场，只在院子当中竖起一个自制的篮球架。作为教室的土坯房只开有门洞和窗口，却没有门板和窗扇。天暖和还好说，到了冬天就很冷，只能在窗口蒙块塑料薄膜挡风，可门还是大敞着，晴天的时候屋子里比外面还冷。有时上着一半课，农民家的猪就大模大样地走进来，在教室里转来转去。老师见怪不怪，照常讲课。

学校一下子增加了十几个学生，校长感到师资不足，要求干校支援。而干校正愁个别病残人员不好安排，于是派了两个人到学校教书。一位是经济所的刘克祥，三十出头，研究经济史的，患有慢性肝炎；另一位是自然科学史所的汪子春，也三十多岁，搞生物学史的，因曾患小儿麻痹造成腿部残疾。他们俩到公社中学后，刘老师教语文；汪老师教化学。

汪老师教的化学课当年叫"化工"，体现了"教育与生产劳动相结合"。他毕业于复旦大学生物系，研究中国古代生物学史，按说教这点儿课不在话下。可学校里没有实验室，上化学课又不能不做实验，真难死他了。为了让学生理解所教内容，演绎各种化学反应，他挖空心思想出了一些土办法，做了几个简单的实验，如酸、碱中和等。当时流行一句豪言壮语："有条件要上，没有条件创造条件也要上。"可人们似乎没想过："创造条件"也是需要条件的，巧妇难为无米之炊啊。

学校教学经费极少，除了黑板和粉笔，几乎没有任何教具。有一阵甚至连粉笔都快用光了，老师只好用很小的粉笔头儿写字。校长为此愁得不行，不得不发动学生勤工俭学。所谓勤工俭学就是去挖半夏。这是一种茎块状中药材，学校附近没有，得走十五里路才能到有半夏的地方。那天我真想多挖一些，为学校做贡献。说来惭愧，低头忙活了几个钟头，才挖到半个拇指大的一块。当地学生比较会找，少则三、五块，最多有挖到十几块的。这也难怪，那地方实在太穷了，人们都想通过挖半夏换点儿钱。收割后的庄稼地不知被人翻过多少遍，很难再找到。

当地学生很朴实，我很快就跟他们打成一片。班上有个叫崔明兰的女同学，跟我关系特别好。明兰长着一对明亮的大眼睛，纯朴、友善。她因家庭生活困难，曾辍学几年，后来自己还是想念书，又回到学校。她比我大四岁，那年已经十九了，跟我在同一个班。一次放学后，我带她到干校驻地玩儿。她跟我母亲说起最近改了名字，叫崔艳丽，问好不好。母亲说不好，"艳丽"太俗气。你原来叫"明兰"多

少年时代的作者

好啊，很清纯，为什么要改？明兰特别信服母亲，很快又把名字改了回去。

春节快到了，学校准备开个联欢会。班主任黄继斌老师听说我会拉小提琴，问能不能给大家表演个节目。我当然愿意，可问题是演出"舞台"就是学校院子，在数九寒冬的室外，手指肯定冻僵了，根本没法拉琴。黄老师问能不能想办法克服？我说办法倒是有一个，就是在上台前用热水泡手，使手暖和过来。他说没问题，这事交给他了。演出那天，黄老师左手提个暖水瓶，右手拿个脸盆，一直站在"舞台侧幕"。我们密切配合，等我前面一个节目刚一开演，他马上把热水倒在盆里，边用手试水温，边催促我赶紧泡手。当报幕的人说："下一个节目：小提琴独奏《北风吹》"时，我已用毛巾擦干了手，从容地走上台。农村学生从来没见过小提琴，好奇的不得了，全场鸦雀无声。我屏住呼吸，以饱满的激情演奏着每一个小节、每一个音符，悠扬的旋律从指尖淌出。一曲奏罢，同学们拼命鼓掌。我羞得满脸通红，飞快地跑下台，连鞠躬都忘了。那是我生平第一次"登台演奏"，终身难忘。

当地学生跟干校子弟刚开始关系还不错，可后来逐渐发生了矛盾。主要是干校子弟有优越感，认为自己是从北京来的，家长还是中央机关的，看不起农民的孩子。有人向农民子弟炫耀说："看，这件的确良衬衫是我爸花十块钱买的。"还有的人嫌农村学生土，不愿意跟他们坐同桌，下课也不跟他们玩儿，这极大地伤害了农民子弟的自尊心。后来干校子弟与当地学生竟形成势不两立的两大派。我对北京学生的有些做派看不惯，站在农村同学一边，绝对是个异类。

自己当年为何会那样做？我想大概与母亲的潜移默化有关。她虽从未跟我讲过"人人生来平等"这类概念，可她总是平等对待所有的人，对我影响很大。

两派学生之间的矛盾日益尖锐，甚至发展到动手打架的地步。汪子春老师感到这样下去不行，专门召集干校子弟的家长开会。他也站在农村学生一边，指出干校子弟种种行为的不当之处，要求家长严加管教。遗憾的是，他的努力没起什么作用，直到干校搬离，两派学生还是水火不相容。回想当初刚到这个学校，农民子弟是那么高兴。他们大概万万没想到，迎来的竟是一群死对头。

1971 年 4 月 4 日，学部干校要从东岳搬迁到明港。临走之前，我向明兰辞行。她低头半天不语，都快哭了。突然，她抬起头来说："你一定要等着我啊"，然后就飞快地跑走了。过了好一会儿，她才气喘吁吁地跑回，捧着用手绢儿包着的四个煮熟的鸡蛋，那鸡蛋还是热乎的。我大受感动，深知在这个贫穷的乡村，鸡蛋有多金贵。农民一般自己舍不得吃，指着用它们换取食盐、灯油等生活必需品。那手绢儿里包的哪里是鸡蛋，分明是她的心啊！明兰，我会永远记住你！

非正常死亡

"要奋斗就会有牺牲，死人的事是经常发生的……"这是当时人们经常背诵的一段毛主席语录。用它来形容干校生活，却实实在在。笔者在干校不到三年，就经历了若干起非正常死亡。

第一起死亡事件笔者亲眼目睹。郭谨仪阿姨是我们住进土坯房的室友，平时话不多，老实巴交的。干校没有自来水，我们的生活用水取自食堂边上的一口井，宿舍里的人轮流去挑。1970年9月的一天，轮到郭阿姨挑水，正赶上下雨。东岳的粘土地在雨天变得异常泥泞，徒手走路都很吃力，更何况挑水。水井离我们的房子不是很远，约一百多米。那天我们眼见郭阿姨吃力地把两桶水挑进屋，还把扁担挂在墙上，身子一软就瘫倒在地。大家都吓坏了，赶紧把她抬到床上，发现已经没有了呼吸、心跳。同宿舍的陈长源阿姨那时年轻，胆子也大，冲上去为郭阿姨做心脏按摩，并口对口地人工呼吸。她折腾了很久，累得满头大汗，也没救过来。一条鲜活的生命就这样在眼前逝去。

郭谨仪是经济所的合同工，在经济史组整理图书资料。她离婚后独自抚养两个女儿，很是不易。她严格来讲不是学部的人，只因在经济所做工，不得已跟着下了干校，没想到竟因过度劳累把命送了。

1970年春节期间，干校还发生了一起拖拉机翻车事故，导致院部通讯员徐济成在那场事故中丧生。

为了耕种当地划拨给学部干校的几千亩地，院部购买了两台"铁牛"牌拖拉机。为此，还成立了机务队，有五六个人，并指派考古所老司讥羿师傅教他们驾驶。

2月8日，机务队在一块空地上练习开拖拉机。新学员徐济成还没怎么学会，就硬要坐在驾驶员的位置上，让已经能熟练驾驶的孙世平坐在旁边。羿师傅看见赶忙说："你不行，赶紧下来！"可徐根本不听。他大概认为自己过去是院部通信员，会骑摩托，开拖拉机不在话下。他驾着这头"铁牛"跌跌撞撞上了水渠，结果方向盘没把稳，一头翻倒在水渠里，四轮朝天。徐济成整个上半身被扣在拖拉机下，淹没在泥水中，只露出两条腿，拼命蹬跶；孙世平腰部以下被拖拉机死死卡住，不过还好是仰面朝天，头还露在水面上。机务队薛永映见状，连鞋都没来得及脱就跳进水里，试图用肩膀把拖拉机扛起一些，好救出底下的人。可那几吨重的铁家伙哪里扛得动！当时经济所陈瑞铭、刘克祥两位正在不远处的席棚顶上干活，目睹了事故发生的全过程，大喊救人。人们从四面八方赶来，折腾了半天，费了九牛二虎之力，才把孙世平从倒扣的拖拉机底下拽出来，可此时徐济成却早已没了气息。

孙世平是经济所张闻天的生活秘书。那次事故把他的肠子砸断了，大伙赶忙把他送到附近铁道部干校医院急救。幸好那里条件比学部干校医务室好得多，医生居然开刀把孙世平的断肠接上了，帮他捡回一条命。

2月11日，北风呼啸，天特别阴沉。干校在棉花仓库前的空地上，给徐济成开追悼会。他生前连一张照片都没留下，同事们只好凭印象为他画了一张素描当作遗像。他在农村的媳妇抱着不满周岁的孩子赶来奔丧，哭得死去活来。她要求干校追认徐济成为烈士，说不这样的话她们孤儿寡母在乡下会让人欺负。领导当然不同意。结果她只拿到

机务队薛永映

很少一点抚恤金，抱着孩子回去了，特别凄惨。

第三起死亡事件发生在 1971 年初，这时干校已从东岳迁到明港，生活大大改善。工业经济组研究人员袁代绪那段时间在食堂帮厨。他四十岁上下，做事特别认真。春节快到了，为了给大家做年夜饭，他挨门挨户征求意见，问大家想吃什么。敲过几个门后，突然一头栽倒在地，很快就没了气息。待人们赶过来七手八脚施救，却已无力回天。

郭谨仪与袁代绪当时都是中年人，四十岁左右。他们的猝死或许是因为心脏本身有问题。可要不是在干校长期从事繁重的体力劳动，恐怕不会这么早离世。

除经济所外，别的所也有人猝死。干校学员接受再教育的内容之一是观看露天电影。放映队一个晚上要在那一带放好几场，轮到学部干校往往是后半夜了。军宣队一声集合哨，大伙就得赶紧起床，拎着马扎排队前去观看。如此"再教育"，老年人怎么受得了？结果外国文学研究所的庄寿慈老先生坐下就再也没起来。直到散场人们才发现，这位早期翻译介绍外国文学的老学者，因脑溢血已静静地死去，没有留下只言片语。[1]

1971年干校从东岳搬到明港后，还发生了一起自杀事件。夏秋间，考古所高集在清查"五一六"运动中不堪重压，在军营厕所自杀。他先是割腕，没死成。于是又上吊，结果绳子断了，磕掉了几颗牙齿，还伤了太阳穴。最后取来新的绳子，还是把自己吊死了。足见死意已决。[2]

杨绛先生在《干校六记》中，也记述了一起自杀事件。1971年1月3日下午，她在菜园里干活儿，看到三、四个军宣队的人用大车拉来一具尸体，要在附近掩埋，其中有个人还向她借铁锹。她问那个军代表死的是什么人，答曰：是干校某连学员，男性，33岁，死于自杀。笔者后来了解到，这个人也是因"五一六"案被逼死的。

近日打电话给经君健叔叔，跟他谈起考古所高集因"五一六"案挨整而自杀的事。他说："这不奇怪，我自己当时也被整得厉害，专案组逼我交代"罪行"和同伙。我实在是什么都不知道，被逼不过只好乱说、乱供，但总是不能满足他们的要求。他们诱供的"罪行"不断升级，上纲越来越高，而且看不到解决的希望，也曾经动了自杀的念头。"

1　朱虹《我的猪娃不尿炕》，《华章》第29期，2015年4月26日
2　顾准《顾准日记》，陈敏之／丁东编，经济日报出版社，1997年

吴敬琏（左）与顾准胞弟陈敏之（右）

当年"干校学员"，左起：经君健，陈长源，方留碧

干校搬到明港后，清查"五一六"运动愈发激烈，有好几个人因不堪重压自杀身亡。他们死后被草草埋葬。第二天一早，尸体上的衣服就被当地老乡剥下拿走。[1]

上述死者都是学部普通职工，并没有引起很大震动。可是，当陆志韦这样的一流学者去世，却引起当时的总理周恩来的关注。他是个明白人，知道学部聚集了一批中国文科顶尖学者。这些人都是国宝，走一个少一个，对国家来说是重大损失。为此专门批示，以照顾老弱病残的名义，将11位一流学者提前调回北京。1971年1月，这批人从干校返回，其中包括吕叔湘、丁声树、俞平伯、何其芳、吴世昌等。按说钱锺书先生作为一级研究员，理应在这一批上调人员名单里，可不知什么缘故却没有他。到了1972年3月，又调回了第二批。这批主要是一些二级研究员，钱先生和夫人杨绛随这一批返回北京。

重返故地

2005年6月30日至7月3日，中国社会科学院经济研究所联合息县政府，举办顾准诞辰90周年纪念活动。邀请当年下放人员重返干校故地，笔者也应邀参加。

那次活动中，很高兴见到了不少当年一同下放的经济所叔叔阿姨，其中特别熟悉的有：吴敬琏、赵人伟、陈瑞铭、经君健、陈长源、方留碧、王淑文、余大章等。最令人高兴的，莫过于见到顾准伯伯的

---

1 严家其《中国社科院前身学部文革简史》，《华夏文摘》，2018年9月

座谈会上，左起：赵人伟、王铁、吴敬琏

与会者，左起：朱学勤、徐方（作者）、徐友渔

胞弟——陈敏之伯伯。那年他已 85 岁，行动有些不便，需要人搀扶。参加活动的还有《顾准全传》作者高建国、文革史学家徐友渔、学者朱学勤、顾准次子高梁、以及骆耕莫的两个女儿骆小予、骆小元等。

我与经济所一行人先搭乘火车到信阳。出站一看，信阳变化真大。跟中国大多数中等城市一样，到处都是新盖的房子，还有不少高楼大厦，个别高档酒店甚至可以与北京、上海的相媲美。

息县政府派专车把我们接过去，安排住在县招待所。第二天上午召开顾准诞辰九十周年纪念座谈会。会上人们谈论顾准在那个黑暗年代所作的艰苦卓绝的探索，以及他的思想对我国学界的贡献；我则谈了顾准伯伯在干校生活中的点点滴滴，以及他对我的影响。

傍晚，县政府安排我们参观新建的县城。这个县城经过仔细规划，街道横平竖直，两侧的房子统一建成带有西洋拱门风格的二层小楼。县领导介绍，这是他们的杰作。房子一层是店铺，二层作为商品房出售。晚上，在县城的街道上漫步。一些商家为了招徕顾客，把音箱的音量调到最大，震耳欲聋。很难想象，住在二层的居民，如何在这样嘈杂的环境中生活。

县政府与东岳镇政府为了举办这次活动下了很大工夫，除了召开座谈会，还安排我们参观干校遗址。

我们驱车前往当年生活过的地方。三十六年过去了，那里长出许多高大的杨树，东岳公社变成了东岳镇，而且早已通了电。镇政府盖的砖瓦房都挺不错，里面还装了空调。

我所看到的那些干校遗址建筑和实物，部分确实是保留下来的真东西；有些则是临时拼凑的应景之物，如："钱锺书住室"、"干校用

钱锺书住室

过的石磙、纺车、织布机"等。

当年钱锺书先生与夫人杨绛虽一同下放，却因属于不同连队（研究所），只能各自住在本连的集体宿舍里，两位花甲老人才不得不在傍晚"菜园幽会"。[1] 钱先生不可能有自己的住室。干校学员在那里生活了一年半，干过各种农活，却从未用过石磙，更没纺过线、织过布。我问镇政府贾书记，织布机是怎么回事？他示意我小点儿声，然后说："是从老乡家借来的，摆摆样子而已。"据说当地政府甚至考虑将"干校遗址"办成红色旅游点，借以发展经济。

前文说到，干校从东岳搬到明港之后，我们盖的那些房子几乎被前来哄抢的农民拆光了。而我们刚下去时借住的公社棉花仓库、粮管所、卫生院等建筑，三十多年后也已不复存在。以至于镇政府为搞这次活动制作的干校沙盘再现，上面标出的那些建筑连位置都不对。

当年干校有八千多亩地，搞基建时无论是搭席棚，还是盖土坯房，都直接在大平原上的庄稼地里选址。基建是以连（研究所）为单位展开的，每个连由若干建筑组成，叫干校点，散落在东岳不同地方。连与连之间隔着老远。就拿七连（经济所）来说，驻地离开东岳公社，也就是我们原来借住的棉花仓库、粮管所等建筑，有五里路之遥。学部机关驻地叫中心点儿，外文所、历史所、哲学所的房子也建在那里。

---

1 杨绛《干校六记》，三联书店，1981 年

而这次镇政府制作的沙盘，把所有研究所的房子都集中摆在一起，排列得整整齐齐，看上去像个军营，实际情况完全不是这样。这也难怪，新一代领导人那时候刚出生，他们想象不出干校是什么样的。

我有意到遗址旁的一户农民家看了看。遗憾的是，他们依旧贫穷，几乎家徒四壁。窗户上只钉了几条木板用来挡风，门上还是没有门板，比三十六年前强不了多少。我给那家人以及他们住的房子拍了照，立此为证。

一路走下来，感觉信阳市变化最大，其次是息县县城，再次是东岳镇政府。而变化最小的，就数底层农民的生活了。

开完顾准纪念会后，县委贾书记很热情，问我有没有想见的当地人。我说希望找一找东岳中学的黄继斌老师和崔明兰同学。时代进步了，贾书记用手机几通电话打过去，就说两个人都找到了。黄老师已退休，还住在东岳；崔明兰嫁到十几里外的一个村子，目前在郑州打工。又过了一会儿，居然跟明兰通上了话，我俩都激动得不行。问她还记得我吗？她说当然记得，讲了许多当年交往的细节，我也提到离开东岳时她送的那四个鸡蛋。明兰说她在郑州医学院附属医院做清洁工，生活比以前好多了，很知足。

回到日本后，我按她说的地址写了信，附上我和家人的照片、地

吴敬琏接受《顾准全传》作者高建国采访

中国社会科学院东岳"五七"干校示意图

遗址旁的一户农民家

址及 email 地址。她很快就回了信，还请人帮她拍了照，通过电子邮件传过来。到底是岁月不饶人，当年那个长着明亮大眼睛的明兰已换了个人，取而代之的是一副写满沧桑的面孔。我给她打电话，交谈中她告诉我一共生了四个孩子，其中三个已经结婚。并依次讲了几个孩子，以及他们的配偶都在哪儿打工，以及孩子的孩子……我终于明白她为何变得那么苍老。在那个贫困落后的乡村，一个妇女先后生育四个孩子，把他们拉扯大，还要为两个儿子娶媳妇。可以想象，这其中得有多少艰辛、多少操劳。

她一口一个大妹子地叫，问离开东岳这几十年是怎么过的。我大致讲了自己颠簸曲折的经历：从干校回到北京后又去了外地，1977

参观息县造纸厂，左起：县委贾书记；徐方（作者）；陈瑞铭（狗熊）；王淑文

黄继斌老师（已故）

年高考，毕业后成家，再后来举家移居日本，以及现在的工作……我想到了鲁迅笔下的"少年闰土"，他与那个儿时伙伴儿分开后，各自走了完全不同的生活道路，再次相聚已经找不到什么共同语言。我与明兰之间的故事何等相似！我们除了回忆当年在一起的那段生活，或者她谈论几个孩子的情况，几乎再也找不到别的话题。这样的友谊恐怕难以为继。一想到这儿，不免伤感。

终于见到了东岳公社中学的黄继斌老师。当年他才三十多岁，教我们语文，写得一笔漂亮的板书，还意气风发地带领学生勤工俭学——挖半夏。再次相见，他已是满脸皱纹的老人。我们都很激动，谈到那个学校以及当年发生的很多事。问他退休后的生活，他叹了口气说："还能做什么呢，打打牌、喝喝酒而已。"

黄老师提到 1971 年 4 月干校要搬迁到明港。临走那天，干校派到东岳中学教书的刘克祥老师赶来辞行。他当时真想好好招待一下刘老师，可家里除了萝卜，什么吃的也没有，只好以盐水煮萝卜待客。三十多年过去了，每当想起这事，心里都特别愧疚，觉得对不起人家。我劝他千万别这么想，刘老师了解当地人的生活状况，相信他能理解。

活动结束后，我不得不上车跟随大家离开。黄老师眼里含着泪问："你这一走，是不是再也见不着了？"是啊，东岳与东京，虽说只有一字之差，可距离实在太遥远了。要不是这次搞活动，我也去不了那

明港军营前合影　余大章（前排左一），陈长源（前排左二），陈敏之（前排左三），徐方（前排左四），方留碧（前排左五），王淑文（前排右三），赵人伟（后排右一），经君健（后排左三），陈瑞铭（后排左四）

里。不知下次见面是否还要再等三十六年？我们是否还等得起？

别了，东岳，我少年时代曾经生活过的地方。这里虽然贫穷、落后，但我依旧对你充满感情。希望今后还有机会再次造访，届时农民兄弟的生活已得到大幅改善。

尾声

　　屈指算来，学部下干校至今已四十四年。对"五七干校"到底该如何定论？笔者认为不仅劳民伤财，更多的是对人的思想强制性扭曲，对人才的极大浪费，没有任何积极意义。

　　且不论"干部下放到农村，接受贫下中农再教育，"是否荒谬，这些人绝大多数并没有跟当地农民相处，再教育也就无从谈起。如果说通过劳动锻炼能够改造人，可实践证明并没有起到这个作用。近日笔者打电话给当年同住一室的陈长源阿姨，问她在干校的那些日子都想些什么。她说每天都盼望回北京，哪怕早一天都好。这就是当时人们的真实想法。杨绛先生于1970年底听说钱锺书先生要提前调回北京，是那么高兴。可后来得知这是误传，又极为失落。杨先生坦承："改造十多年，再加干校两年，且别说人人企求的进步我没有取得，就连自己这份私心，也没有减少些。我还是依然故我。"[1]

　　学部从1969年11月先遣队下干校，到70年8月上旬，学员先

1　杨绛《干校六记》，三联书店，1981年

后分四批到达，共 1858 人（不包括家属和知识青年）。到了息县，干校的校址只是八千亩平川，其余一无所有。[1]

要说学部下放人员在此期间还创造了一些物质财富，当数人们辛辛苦苦在东岳盖的那些席棚和土坯房。可这些房子在 1971 年 4 月 4 日干校搬迁到明港之后不久，就被当地农民几乎全部拆光，干校学员近一年半的

学部干校印于1970年3月24日的《"五七"战报》

血汗付之东流。农民为何敢哄抢干校财产？估计是因为这些财产归属不明，而农民又实在太穷，且缺乏法制观念。据说当时中央把这个干校交给了河南，河南交给了信阳，信阳交给了息县。到底由谁来接收，并不明确。[2]

自从学部下干校，一直有个说法：这个单位迟早要解散，只保留近代史所和考古所。这不奇怪，当时毛泽东提出："大学还是要办的，我这里主要说的是理工科大学还要办。"换句话说，连大学都不需要

---

1 《继续革命，在光辉的五七大道乘胜前进！》学部干校一九七零年总结（油印本）

2 顾准《顾准日记》，陈敏之／丁东编，经济日报出版社，1997 年

文科了，学部这个纯文科研究机构的下场可想而知。人们为此忧心忡忡，纷纷考虑自己以后的出路。有人认为与其跟着学部这条"泰坦尼克"一起沉没，不如弃船而逃，于是主动要求调走。经济所陆续调走的人有：王湘元、李国强、王庆瑞、赵银花、邵广礼等；全学部在此期间走了三四十人。

干校期间，学部这个单位悬在半空，使用的公章都是"原哲学社会科学部××研究所"。军宣队的正式名称也改为"×××驻原学部宣传队"。经济所原来的办公地点在位于北京三里河的经委大楼，可那些办公室早已全部清理移交给中国科学院，图书馆的书都搬到学部大院一号楼底层。其他研究所的情况也大致如此。处在风雨飘摇中的学部职工，在干校期间表面上干劲十足，内心却十分茫然，惶惶不可终日。

幸好当时的总理周恩来知道学部聚集了一批中国顶尖文科学者、研究人员，一旦散掉就再也收不拢了。他虽以照顾"老弱病残"的名义将学部国宝级学者分两批调回北京，但并不能真正解决问题。最后干脆决定将"连锅端"下放的学部，再"连锅端"回到北京，结束了这场莫名其妙的折腾。

1972年7月，学部全体人员从干校返回北京。这是不幸中的万幸，可损失还是实实在在造成了。一些人在过度劳累中死去。所有研究人员在此期间荒废了业务，身心受到极大摧残。那些1964年进学部工作的大学毕业生，最初满怀心志，希望通过潜心钻研，日后成为学有专长的专家学者。可来了之后先是搞四清，紧接着就是1966年"文革"，1969年下干校，直到1976年才开始搞研究。这一耽误就是十几年，浪费了大好光阴。

有的研究所下干校时把图书馆的书扎成一捆一捆地带下去，直到人员返回北京两年后，才又把图书运回。一些珍贵的图书资料经过这一折腾，损失不小。

我家下干校前把房子退了，回到北京后被安排住在学部大院八号楼二层。在大院一号楼三层，横七竖八地堆放着很多空书架。那些高大的墨绿色铁书架，不知是哪个所图书馆的，扔在过道里没人管。刚从干校回来的人们普遍缺少家具，于是偷偷把那些铁书架搬到家里用。说不清这是借还是偷，反正家家都那么干，法不责众。我和哥哥一个晚上就搬回来三个。同住在八号楼二层的顾准伯伯也用这种铁书架摆书。就连住在七号楼一层的钱锺书先生家里，两面墙壁摆放的都是这种"借用"的铁书架。

后记

中国科学院哲学社会科学部（中国社会科学院前身）于 1969 年 11 月，在河南息县成立干校，历时近三年，迄今已有五十余载。当年笔者随母亲下放时，虽然只有十五岁，却正是人生记忆力最好、最敏感，且求知若渴的年纪。身处一大批当时中国一流知识分子之中，周围的很多人和事，都给我留下了深刻的印象。

2005 年 6 月底，中国社会科学院经济研究所与息县政府联合举办顾准诞辰九十周年纪念活动。作为当年一名"小五七"，笔者也应邀参加。重返干校旧址，回到那片熟悉的土地，再加上见到那时候一起下放的好几位叔叔、阿姨，36 年前发生的许多往事，一下子涌入脑海，历历在目。触景生情，心里有个冲动，要把那段经历写出来。于是，就将想到的点点滴滴简要记在本子上。可回来一动笔，又感到困难重重。主要是时间隔得太久，个人记忆有限，全面写干校实在不易。而母亲已故去多年，不能跟我一道回忆往事，使写作变得难上加难，于是就放下了。

2014 年，我在海外"文学城"网站开了博客，把以往发表的几篇回忆顾准等人的文章陆续贴出来，引起很大反响，读者纷纷跟帖。老友关慎捷得知我有写干校的念头，认为这是一项为历史存证的工作，很有意义，鼓励我一定要写出来。在写作过程中，他提出了很多建设性意见和建议，大大拓展了文章的广度和深度。对精准生动地再现当年那段历史，帮助极大。可以说没有他就没有这本书。在此，谨向慎捷老友表示由衷的感谢。

这里特别要感谢吴敬琏、赵人伟两位叔叔。他们都是母亲在经济所的老同事、老朋友。虽年事已高，却记性极好，对我的写作非常支持。吴叔叔是个大忙人，却先后两次与我长谈，讲述他在干校的许多经历和生动的故事；赵叔叔那几年一直照顾身患重病的夫人，极为操劳。就是在这种情况下，他还认真阅读了全书，提供了很多有意思的素材，并指出文中记述不够准确的地方，使其更趋完善。

须要特别提到的，还有当年一起下放的陈瑞铭（狗熊）、经君建、张曙光、陈长源、方留碧、王淑文等几位经济所叔叔、阿姨，以及干校派到东岳公社中学教书的王子春老师。笔者多次或当面、或通过电话，向他们了解、核实当时的一些情况；他们也讲述了很多自己在干校的经历及所见所闻，使笔者能过多方位翔实记述干校生活，在此一并表示感谢。

最后，要特别感谢老友丁东先生。丁东是著名学者，多年来致力于研究 20 世纪中国知识分子的命运史，打捞"思想史上的失踪者"。1990 年代，丁东与陈敏之合作，编写并出版了《顾准日记》和《顾准寻思录》两部书。当他了解到我和母亲曾与顾准伯伯有很多交往，建议我把这段故事写出来，于是就有了《两代人的良师益友——忆顾准伯伯》一文。经他推荐，发表在光明日报社主办的《博览群书》杂志上，后来又收入他编的《风雨同窗》一书。多年来，丁东一直鼓励我记述青少年时代接触到的老一辈德高望重的学者。在他的建议下，又陆续写了《跟陈翰老学外语》《我所认识的孙家琇》《母亲张纯音与顾准伯伯的交往》《忆外公张耀翔》《干校札记》等文。经他推荐，先后发表在《老照片》《温故》等杂志书上，最后集结编成此书。

杨绛先生43年前写了《干校六记》，记述她和钱锺书先生下放到学部干校一那段作为"干校学员"的生活和感受；笔者则以一个少年的视角，既身在其中，又是局外人，试图尽可能忠实地记录当时的一些人和事。也想在经过几十年沉淀后的今天，为读者提供一些见解和思考。

2015 年 3 月 28 日
于日本东京

《干校札记》读后

　　徐方女士的《干校札记》写的是"文革"期间中国科学院哲学社会科学部（1977 年改为中国社会科学院）在河南息县办干校的故事。虽然时隔半个世纪，那些刻骨铭心的特殊经历读起来仍然能触动我们的心灵。

　　徐方是当时学部所属经济研究所的研究人员张纯音女士的女儿。1969 年下干校时，她还是一个 15 岁的少年，属于干校人员的随带家属，就在当地农村的学校里借读。因此，从总体来说，她是干校经历的旁观者；但是，由于她善于观察，勤于思考，所以她又成为干校生活的亲历者。特别是在干校后期和回京初期，她的妈妈张纯音和我们其他几个人都成为顾准指导下学习英语和经济学的学友，于是，徐方（小名"咪咪"）也就随之成为我们几个人非同代的挚友。

　　我认为，咪咪所写的这些札记的一大特点是其真实性。作为一名非完全亲历者的少年，要把当年的故事写得真实、准确和动人，是一件很不容易的事情。不过，她在这方面确实下了很大的功夫。除了自身的超常记忆外，她还采访了许多当事人，查阅了许多相关的文献。就以非正常死亡来说，她对袁代绪和郭谨议这两位的死亡时间、地点、情节、原因和所属研究组都做了详细考证。当时干校除了这两位是由于过度劳累而死亡之外，还有因为安全事故防范不严而造成的死亡，如拖拉机翻车事故。作者没有把这两类死亡简单地归为一类，是一种实事求是的态度。而同样是安全事故防范不严，既有造成死亡的，也有未造成死亡的，后者如经济研究所的塌窑事故。可见，要做到所述故事的真实性，并不是一件容易的事情。记得上世纪60年代，史学界有一场关于"论从史出"还是"以论带史"的讨论。我想，不管持什么观点，尊重历史事实的真实性是一切描述和推理的起点。改革开放以来，经济学的研究特别强调实证分析。换言之，首先要把"是什么"搞清楚，然后再讨论"应该是什么"。如果没有实证分析作基础，规范分析就会成为空中楼阁。咪咪所写的札记，在方法论上是符合研究工作的一般规律的。

咪咪所写的札记多数是一些小故事。不过，小故事中却含有大道理。如果我们能从这些小故事中悟出大道理，就能上升一步，做到以史为鉴，开拓未来。

就以知识分子在"文革"中的遭遇来说，札记中的许多记述都是颇为感人的。札记中主要记述了知识分子中两个群体的遭遇：一个是1949年以前已经功成名就的群体，包括：钱锺书、陆志韦、丁声树、吕叔湘、何其芳、巫宝三、严中平等；另一个是50年代的海归群体，包括关淑庄、孙世铮、汪友泉等。

除了这两个群体之外，札记中还涉及其他知识分子：一是着墨不多的解放以后新培养的知识分子群体，二是着墨甚多的顾准。顾准是革命家兼学者，并未受过系统的学校教育，是属于自学成才、异军突起的一类，同上述前两个群体相比，可以说是一定意义上的异类；但是，作为革命家，从开国之初到1974年离世，他又是党的路线和政策的异类。他的这种双重异类的身份，使他的生活极其艰难，不仅多次被革职，而且两次戴上右派帽子。他在夹缝中求生和求真，在学术上做出了杰出的贡献，堪称艰苦卓绝。20 多年来追忆顾准的文章已经不少，不过，札记中所写的张纯音母女同顾准的私人交往仍然使人感到特别的亲切和动人。

至于解放以后新培养的知识分子群体，"文革"期间除了参加政治运动以外，就是从事体力劳动，札记中对这一群体着墨不多是很自然的。不过，从总结经验教训和推动改革发展的眼光来看，对这一群体的培养和使用才是更为重要的。因为，中华民族的兴盛，是要靠一代又一代的新人来实现的。在这里，我不妨插上一段有关人才培养的小故事。

1972 年 2 月美国尼克松总统访华以后，紧接着于当年 9 月就有一个美国经济学家代表团访问中国。当时上层拟邀请经济研究所两位专家去参加接待。但是，经济研究所从 1964 年"四清"运动（也称社教运动）批判孙冶方以来，已经有八年没有从事研究工作，无法同美国经济学家交流，因此这两位专家只好婉言谢绝。美国经济学家代表团中的哈佛大学教授加尔布雷思（John Kenneth Galbraith）在访问之后写了一本书，其中写道："经济研究所是一个相当大的享有盛名的研究机构，但自从文化大革命以来仍然遭受某种迷失方向之苦"，"大学自文化大革命以来仍处在混乱之中。学生和身体健康的教员要花三分之一的时间下工厂和人民公社同群众相结合"，"我冒昧地提出一个棘手的观点：尽管防止大学的教员和学生变成一个特权阶级是重要的，但是，你不大可能在工厂里面造就出第一流的数学家、物理学家和化学家。而这样的人是不容许在青年时代浪费光阴的；他们在三十岁或四十岁时把创造性的才华消耗殆尽（burn out），随后就成为学术领导人（academic statesmen）"。加尔布雷思的观点是否完全准确可以另当别论，不过，他要求青年时代不浪费光阴这一点总是千真万确的。

"文革"结束以后，20世纪80年代国内对新一代知识分子这一群体的命运进行过短暂的讨论，例如当时就讨论过中关村知识分子中年早逝的问题，文艺界也出现过《人到中年》那样感人的电影。如果说，80年代的讨论主要集中在生活之艰难上面，那么到后来"钱学森之问"出来之后，就涉及到更深一层的问题了。历史、现实和未来，总是可以由一条线穿起来的。我希望，将近半个世纪的历史，多少能对现实和未来提供有益的启示。

整个"文革"都处在恶斗之中，干校也不例外。在这篇读后记里，我没有必要去重复描写那些恶斗的场面。在这里，我是想寻找恶斗背后那些人性善良的一面。我从来不相信人性中只有恶的一面，或者只有善的一面。在我看来，当法治、教育、道德修养等各个方面都比较好的情况下，人性中善的一面是可以得到发扬的。反之，则人性恶的一面就会发作起来。在恶斗的环境下，人性中残忍的一面就会发作起来；在权钱交易和物欲横流的环境下，人性中贪婪的一面就会发作起来。我想，即使在客观环境恶劣的情况下，人性中善良的一面也是不可能被泯灭的。札记所回忆的干校中张纯音母女偷偷将奶粉送给顾准滋养身体就是一个很好的实例。有的人则因为有较高的道德修养，即使没有物欲横流的环境，对物质利益的追求也有强大的自制能力。丁声树婉拒搬到部长楼居住就是一个很好的实例。事情是这样的：从干校回京以后，知识分子的居住条件很差，即便是高级知识分子也是如此。改革开放后，国家盖了一些供高级干部和高级知识分子居住的房子，位于钓鱼台国宾馆附近的南沙沟住宅区（俗称部长楼）就是其中的一处。丁声树是50年代的一级研究员，有资格住进南沙沟的部长楼。但是，当组织上安排他搬家时，却被他婉言谢绝。所以，他家一直住在三里河一般干部宿舍区（是我家的邻居），直到他变成植物人送到医院为止。丁声树不但淡泊于利，而且也淡泊于名。他主持编写《现代汉语词典》许多年，但不同意写上他担任主编，而仅仅写上"中国社会科学院语言研究所词典编辑室编"。丁声树确实不愧为学术界的善人。我们不是要构建和谐社会吗？而社会是由一个一个人所组成的。如果我们的社会中多一些像丁声树这样的善人，那么，和谐社会不是就有了很好的微观基础了吗？

赵人伟

2015 年 3 月 30 日

从《干校六记》到《干校札记》

今年 5 月 25 日，作家杨绛以 104 岁高龄与世长辞。她的散文《干校六记》再度成为公众议论的话题。五七干校是中国知识分子的一页伤心史。1980 年中共通过了否定文革的决议，次年杨绛的《干校六记》面世。此书不同于当时流行的伤痕文学，采取"哀而不怨"的笔调，回顾干校生活的六个片段。这样述说，是代表了更高的美学境界，还是一种聪明的文化选择？争议从杨绛生前一直持续到生后。

有意思的是，就在杨绛驾鹤西去之前，广东人民出版社出版了另一本名字相近的书：《干校札记》，讲述的是同一所干校的故事。作者徐方和杨绛不是一代人，今年 62 岁，当时随母亲张纯音来到这所干校，是一个 15 岁的小女孩。这本书与《干校六记》互为补充，可以让人感受到干校生活的更多侧面。

中国社会科学院的前身是中国科学院哲学社会科学部，本是"藏龙卧虎"之地。人们用"学部一只虫，社会一条龙"形容这些高级知识分子：文学所的钱锺书、何其芳，语言所的吕叔湘、丁声树、陆志韦，经济所的骆耕漠、巫宝三、顾准。然而，文革中他们从北京下放到位于河南息县农村的五七干校后，不但由龙变成了虫，甚至还不如泥淖里的一条虫。在徐方笔下，语言所卖饭票的吕叔湘，文学所斜挎大帆布包天天取邮件的钱锺书，喂猪喂出了境界的何其芳，搓麻绳的俞平伯，仅仅点到为止，重点是她熟悉的几位名贤：

陆志韦，司徒雷登之后的燕京大学校长。他曾说："是美国人出钱办的燕京大学，但燕京大学不是为美国人办的。"他严词拒绝去台湾。愿把燕京大学——这座具有国际声望的学校，交给新政府。中共中央从西柏坡进北京，他是与李济深、黄炎培、马叙伦同到机场迎接的著名人士。他没想到的是，1952年院系调整，燕京大学被撤销，他到了学部语言所后，一事无成。下干校时陆志韦已经76岁。他昏倒在养猪场，神志不清，生活不能自理，才被送回北京，不久便黯然辞世。

关淑庄，哈佛大学经济学博士，著名语言学家丁声树夫人。她毕业后在纽约联合国秘书处工作，原来学计量经济学，熟知供给曲线和需求曲线，回国后在计划经济体系中用不上了。关淑庄在哈佛读书时，因为学习成绩特别优秀，打破哈佛经济系多年纪录，被授予金钥匙奖。20世纪80年代，哈佛大学教授、世界银行第一副行长霍利斯·钱纳里到经济所访问，见到关淑庄。翻译过来帮忙，钱纳里笑着说："我跟她之间还需要翻译吗？"原来，他和关淑庄是同班同学。

孙世铮，与杨振宁在西南联大时就认识，在美国芝加哥大学同住一室。杨振宁因与岳父杜聿铭的关系不能回国。孙世铮回国到了经济所，领导认为他学的计量经济学是资产阶级的一套，让他彻底忘掉，从头学习马克思主义经济学。从此他业务荒废。杨振宁获得诺贝尔奖后，有美国人问他："中国得过多少年才能出一个你这样的奇才？"杨振宁说："你错了，中国人聪明得很，像我这样的人很多，我想至少得有一千个吧！"这让我想到李政道的老师束星北。一个留学英美天才的物理学家，肃反时打成"历史反革命"，反右时又打成"大右派"。晚年改正后一张纸计算出洲际导弹头回仓的时间数据。钱学森说，束星北计算出来的，那就没有问题，不用做实验了。束星北离世前曾嘱托将他的遗体留给青岛医学院解剖。他说自己70多岁的头脑如同二三十岁一样灵敏，可提供医学研究。他病故时，遗体被医院遗忘在一边，没人理会他的鞠躬尽瘁，半年之后，尸体已经腐烂，被草率埋于医学院操场之下。

学部的那些硕学鸿儒，被徐方还原为活活生生的人。他们不仅有带光环的一面，也有常人的侧面。作者不受浓烈的政治概念趋使，也不受精英文化标签束缚。我们看到，陈瑞铭义不容辞帮张纯音割麦子；张纯音不避嫌疑对顾准等人帮助和关照；所谓"五一六分子"，被迫咬起别人，睁眼瞎说，当面对质，滔滔不绝；有人真诚忏悔，声泪俱下；这些高级知识分子拼尽一年多血汗盖起的土坯房，一个迁移令下来，全部丢弃，被当地农民哄抢而光。

顾准的思想家地位已得到举世公认。顾准最佩服的巫宝三知道的人却不多。巫宝三是哈佛经济学博士，师从柏拉克、熊彼德等，知识渊博，学贯中西。1957年差点当了右派，从此不谈经济思想。顾准知道他一直跟踪世界经济学的演变，并从他这里了解到西方前沿的经济学著作。

顾准被打成右派以后，儿女们将他视为恶人，拒绝来往。张纯音和顾准是经济所同事，她对顾准说："我的教育比你成功，因为我从来不对孩子讲假话。自从咪咪（徐方乳名）懂事后，我把自己对各种事物的真实看法讲给她听。从镇压反革命到公私合营，从'反右'到'大跃进'、'人民公社'，直至'文化革命'。我不仅把她当成孩子，还当作好朋友；而你过去只跟夫人讲真心话。在儿女面前，两人却统一口径，一律正面教育。让他们听党的话，坚定不移地跟党走。他们看到你多年来为党所不容，视为异己，怎能接受这个现实？又怎能不背离你而去？恕我直言，你跟几个孩子的关系发展到今天，自己也要负一部分责任"。顾准听了，陷入沉思，竟无言以对。

我的父亲是电影《平原游击队》的作者，文革中被打成中统特务，只因为他的原名与监狱中服刑的一个国民党人同名。其实，我们也不清楚他的历史，他也没有张纯音的觉悟。即便如此，我们家姊妹兄弟，没有一个表示要和他划清界线，都尽力保护他的安危。因为，我们从他言行中看不出"反动"，我们相信他的政治立场和品质；感性的认知让我们觉得那么多五花八门的帽子带在熟悉的长辈头上有多么滑稽！顾准因为1950年代就挨整，两次被打成右派，对孩子的教育确实如履薄冰。但我仍在想，文革后期，一些长辈的解释和劝说，父亲为见到他们又违心地签字认错，他们为何仍拒不相见，是什么成见能抵得住这骨肉的亲情呢？深入掘进，或许还有某些特殊的原因。

顾准病重时想和子女见面而不得，是徐方给他写来一信："刚刚收到妈妈的信，获悉你病重的消息，真是悲痛万分！我实在无法用语言来形容此时此刻的心情。我不能失掉你，你是我的启蒙老师。是你教给我怎样做一个高尚的人，纯洁的人，一个对人类有所贡献的人……听说你的孩子还是不肯来看你，我想你也不必过于为此伤心，我就是你的亲女儿。尽管不是亲生的，难道我还不能代替他们吗？"让顾准临终前获得莫大的宽慰。

张纯音有如此高的识见并非偶然。其父张耀翔早年赴美国哥伦比亚大学攻读心理学，1920年回国创办了心理学学科，是最早将西方现代心理学介绍到中国的先驱。其母程俊英毕业于北京高等师范学校，与庐隐等并称"五四四公子",也是著名的古典文学教授。张纯音身上流淌着他们的血,文化涵养的积淀,决定了她对世事伦理的观察与判断。

某些时候,深厚的学养也未必让人明智。孙家琇的故事就是一例。我父母50年代初,在中央文学讲习所就听过孙家琇讲莎士比亚戏剧。听说她讲课非常精彩,呼声很高。然而张纯音让徐方向她讨教文学,她推荐的作品竟然是《艳阳天》。

对于徐方的书,不论是吴敬琏的序,还是赵人伟的跋,都强调是从一个小女孩的视角回忆干校生活,因而肯定此书的独特价值。这当然不错。但并非所有少年视角观察成人世界的回忆文章都能让读者产生兴趣。而徐方的书之所以产生独特的味道,恐怕与她少年时代和顾准的交往,顾准观察褒贬人间世象百态的犀利风格对她产生了潜移默化的影响有关。她对笔下人物的选择和捕捉,眼光可称犀利,甚至可以说有点"毒"。平庸的讲述,廉价的赞美,她是看不上眼的。这样全书就有了入木三分的味道。

徐方的直言不讳,和杨绛的温柔恬淡形成强烈反差,从《干校六记》到《干校札记》,可谓相映成趣。

邢小群写于 2017.1.5

附: 我有责任将当年所见所闻记录下来 [1]

谌: 首先我想问的是, 信阳地区, 当然包括息县, 是当时全国最大的五七干校群。其原因, 有认为是 "信阳事件" 让这里有了很多荒地; 也有一种说法, 这里是京广线所途径, 交通便利。您认为呢? 或者还有别的原因?

徐: 当年干校选址不会以交通便利为考量。如果有, 也是恰恰相反, 尽量选择偏远荒蛮地区。比如北大、清华的干校, 就选在江西鄱阳湖畔的鲤鱼洲。那是一片荒地, 钉螺丛生, 血吸虫横行, 致使大量教职工感染了血吸虫病。[2]

徐: 之所以有那么多干校选址信阳专区, 是因为那里有很多空地。我们知道办干校需要地。一方面下放干部得有地方盖房子住; 同时他们还要 "劳动锻炼", 得有地给他们耕种。可中国是个地少人多的国家, 几乎所有的可耕地都被占用了, 上哪儿去找那么多空地呢? 这时人们发现信阳专区地广人稀, 特别是息县, 有大量空地可以用来安置干校, 于是决定把干校办在那里。当时光息县就有 8 个干校, 除学部干校外, 还有铁道部、物资部等单位的。息县光拨给学部一个干校就是 8000 亩

---

1 选自谌胜蓝著《那些年, 他们在五七干校》, ——访《干校札记》作者徐方
2 见《鲤鱼洲纪事》陈平原主编 北京大学出版社 2012 年 4 月

地，你可以算算 8 个干校占多少地。怎么会有那么多空地呢？因为 1959 年冬至 1960 年春，河南信阳地区发生了惨绝人寰的"信阳事件"，饿死了 100 多万人。

本来信阳地区自然条件很好，素有"豫南粮仓"之称。该地区 1956 年至 1958 年收成都不错。尽管 1959 年发生了旱灾，造成粮食严重减产，但人均占有口粮还在 300 斤以上。况且由于前三年风调雨顺收成好，社员有些家底，比历史上一般灾年的情况还要好一些。

可 1958 年开展了"大跃进"运动，全国刮起了浮夸风。信阳地区"放卫星"最多，说是又迎来了一个"特大丰收年"，上报的产量竟高达 350 亿斤！后来虽经信阳地委副书记张树藩再三要求实事求是，还是决定上报 72 亿斤，而实际落实的产量却只有 30 亿斤。虚报的产量导致高征购，在征购过程中不择手段，逼迫农民交出粮食。最后只剩下 13.2 亿斤，扣除种子、饲料，人均口粮只有 100 斤。1959 年，饥荒大面积出现，前后持续半年之久（碧薇萍《20 世纪 60 年代中央查处信阳事件始末》，"天涯社区"网，2016 年 4 月 16 日）。据白桦记载：当时信阳地区一个村落一个村落的人被饿死，形成了很多"绝户村"。当地人忆苦思甜，一说就是 1960 年的苦：饿急了的人们把谷糠、薯藤、野菜、树皮、草根都吃光了，整村整村的人浮肿、饿死……

记得我们刚到干校的时候，发现那里人很少。在一眼望不到边的大平原上，走半天都见不到人。后来才了解到形成了地广人稀的原因所在。

谐：是什么促使您下决心写《干校札记》这本书？

徐：2014 年，我在海外"文学城"网站开了博客，把以往发表的回忆老一辈知识分子的文章陆续贴出来。其中《文革奇遇：认识顾准》一文引起很大反响，读者纷纷跟帖。可是有人却说："胡说八道！干校是保护干部的地方，他们在那儿很少干活儿，也没有批斗会，个个养得白白胖胖的……"这种说法令人啼笑皆非，却也说明尽管我们这些亲历者还在，可那段历史已经逐渐被遗忘，或变得模糊不清，甚至面目全非。这不过才是四十多年前发生的事，那么再过几十年又会如何呢？一想到这，不禁忧心忡忡。作为干校生活的亲历者，我感到自己有责任将当年所见所闻记录下来。一次，跟老友关慎捷谈到想写干校。他认为这是一项为历史存证的工作，很有意义，鼓励我一定要写出来，于是开始动笔。

谌：杨绛先生三十多年前写了《干校六记》；而您近两年写了《干校札记》。这两本书记述的是同一所干校，能谈谈其中的不同之处吗？

徐：首先沉淀时间不同。杨先生的《干校六记》出版于 1981 年，她写这本书的时候，距离我们从干校返回北京只有短短 8 年；而我四十多年后才动手写，时间隔得很长。记得冯小刚就电影《芳华》接受采访时说："有些导演拍的第一部片子就是讲自己的故事，如姜文拍《阳光灿烂的日子》；而我几十年后才拍年轻时在文工团的一段经历。时间隔得久远，有些事可能已经淡忘了，但最重要的都留在记忆里了，反而可以抓住重点"。我写干校的情况与冯导拍《芳华》有些相似。留在记忆里的都是那些刻骨铭心的事，每当想起都历历在目。经过长时间的沉淀，今天回过头，可以将干校这一事物看得更清楚，知道该如何为其定位。

其次，杨绛先生写干校是在七十年代末，跟她一起下放的那些同事还都健在。况且，"文化大革命"刚过去不久，对这场政治运动该如何定性，官方还没有一个说法。因此，她在写的时候会有一些顾虑，不能说得太透，有些事点到为止。对于不了解那段历史的中青年读者来说，不一定能领会其中的意思。比如她提到 1971 年 1 月 3 日下午，她在菜园干活，看到有三四个军宣队的人用大车拉来一具尸体，要在附近掩埋，其中有个人还走过来向她借铁锹。她问军代表死的是什么人？那人告诉她死者是个男的，33 岁，死于自杀。具体怎么死的，为什么自杀，她没写。这个人实际上是学部干校学员，在清查"五一六"运动中被逼迫交代莫须有的问题，走头无路而上吊自杀。

说到清查"五一六"运动，钱锺书先生在给《干校六记》写的序言中说："杨绛写完《干校六记》，把稿子给我看了一遍。我觉得她漏写了一篇，篇名不妨暂定为《运动记愧》"。

对于这场运动，他们夫妇是有看法的。1970 年 6 月，就在杨绛先生下干校的一个月前，他们的女婿——北师大历史系教师王德一，因五一六案被逼自杀。当时有几个"五一六"嫌疑犯供出王德一是他们的"组织者"，"五一六"的名单就在他手里。王德一私底下对杨绛说："妈妈，我不能对群众态度不好，也不能顶撞宣传队；可是我绝不能制造个名单害人，我也不会撒谎。"[1] 王回到学校后就失去自由。工宣队领导全系每天三个单元批斗王德一，逼他交出名单，他被逼无奈就上吊自杀了。钱锺书夫妇的独生女钱瑗是他们的掌上明珠。女儿新婚刚一年，女婿就死了，可以想象老两口当时该有多痛心！可即便如此，杨绛先生写干校时还是回避了清查"五一六"运动这个内容。

对于《干校六记》中没写清查"五一六"运动，钱锺书先生深感遗憾。他说：《浮生六记》"仅存四记"，那么杨绛的《干校六记》就"应为七记"，

1　杨绛《干校六记》，三联书店，1981 年

因为漏记了参加政治运动的感受。他希望有那么一天，"缺掉的篇章会被陆续发现，补足填满，稍微减少了人世间的缺陷"。作为亲历者，我感到自己有责任把干校清查"五一六"运动的来龙去脉记录下来，以弥补钱先生的遗憾。

杨绛先生在《干校六记》中，以散文的形式记述了他们夫妇下干校前后所经历的点点滴滴。当年胡乔木对这本书的评价是"哀而不伤，怨而不怒"。可以说该书是干校文学的典范；而我的《干校札记》更侧重记录史实。秉笔直书历来是我国古代史官遵循的道德准则，不掩恶、不虚美。我在写作过程中，特别追求真实。凡遇到不太确定的人或事，一定查阅资料；或当面或打电话向当年一起下干校的人求证，力求准确无误。

我当年既是干校生活的亲历者，又是局外人，可以不带感情色彩、派性成见，相对客观地记述干校生活及清查运动。更何况那些事已经过去了几十年，很多当事人已作古，而我现在又定居海外。因此只要是史实，便可无所顾忌地道出，这是我的写作优势。

谌：当年知识青年上山下乡与干部下放五七干校，是城里人去农村的两支大军。为什么到后来"知青文学"收获颇丰；而"干校文学"却始终没有形成气候？

徐：应该指出的是，下放五七干校的干部、知识分子与上山下乡的知识青年属于完全不同的两类人。

当年的"干校学员"绝大多数是三十岁以上的成年人，亲身经历了自 1949 年后的历次运动。如：镇压反革命、三反五反、反右、四清，文革中又遭到了形形色色的冲击。很多人从骨子里已经变得非常懦弱。他们中唯唯诺诺、见风使舵的墙头草不是少数，甚至大难临头时落井下石的也大有人在；而像顾准那样铁骨铮铮、坚持真理的知识分子却是凤毛麟角。这样的群体要他们对过去的政治事件做出批判性的反思，即使在宽松的政治环境下都很难做到。因为历史的经验反复告诉他们，任何时候都有可能遭遇不测。而仅仅停留在回忆的层面又的确不够"知识分子"的水准，还不如不写。说到这里，不得不提一下文革中最常见的"家庭出身"，这是打压人民的利器，相当于封建社会的"株连九族"。一旦一人被划成"反革命"，父母子女兄弟姐妹都要受到牵连，这足以使一个成年人选择逃避。

相对于知识分子，知识青年则有所不同。其实，知识青年的"知识"二字，忽悠的成分很大。大多数所谓"知青"，都是五十年代以后出生，而在校期间正值文革，几乎没有学到什么真正意义上的知识。他们对历史上的多次运动，没有亲身经历，多是从政治学习中了解的。所以心理上没有下放干部、知识分子的那些负担。当政治环境宽松的时候，可以看到不少反思；当政治环境收紧后，我们能看到的也只剩所谓"青春无悔"的肤浅回忆而已。

2

第二部分

追忆顾准

母亲张纯音与顾准伯伯的交往

　　母亲张纯音出身于书香门第。我的外曾祖父程树德是近代著名中国法律史学家，上世纪初由清廷公派赴日本法政大学留学，归国后任翰林院编修。其代表作《九朝律考》被翻译成十几国外文，是研究中国法律史不可或缺的重要文献。

　　我的外祖父张耀翔早年考取"庚款"留学，由清华学堂保送至美国哥伦比亚大学，1920 年获心理学硕士学位后归国，开创了中国心理学专业，并亲任中国心理学会首任会长。是国内外公认的"中国心理学第一人"。

母亲张纯音（摄于1950年代）

　　我的外祖母程俊英是中国第一批女大学生之一，是李大钊、胡适的亲炙弟子。她深受新思潮影响，积极投身五四运动，与庐隐、王世瑛、陈定秀等三位女性

张纯音在经济所办公室（摄于1960年代）

并称为"五四四公子"。

正是在这种家庭环境的熏陶下，母亲很早就具有知识分子的独立人格，对各种问题都有独到见解，从不苟同俗见、随波逐流。

1943 年，母亲考取上海交通大学财务管理系。1956 年，经郑振铎推荐，到中国科学院经济研究所工作，时年 29 岁。

初相识

母亲与顾准相识于 1962 年。顾于 1957 年被打成"右派分子"，次年下放到农村"劳动改造"，4 年后摘掉"右派"帽子的他再次来到经济所。当时经济所的办公地点在三里河经委大楼，管理得相当好，整洁而有序。母亲所在的办公室里有一张白色木制单人床，上面铺着雪白的床单，供研究人员午休用。顾准伯伯回到所里第一天上班，在后勤人员的陪同下，到各办公室转转，跟大家见见面。他走进母亲的办公室，环视了一下房间，高兴地往床上一躺，说："哈，没想到我这个穷小子，一跤跌到了青云里！"当别人介绍说："这位是张纯音同志"时，他说："哦，你就是张纯音啊。告诉你，我还是坚持我那篇文章的观点！"母亲年轻好胜，回了一句："我也坚持我那篇文章的观点"。

原来事情始于 1956 年。当时的科学院副院长张劲夫，安排顾准去中科院资源综合考察委员会（简称"综考会"）任副主任。并按照他自己的要求，到经济所兼职做研究。顾准在经济所深入探讨了当时的一些理论禁区，并撰写了《试论社会主义制度下的商品生产和价值规律》一文，发表在《经济研究》1957 年第 2 期上。该文主张通过经济核算的手段，达到最大的经济效果，提高效率。以价值规律、市场价格调节生产。文章指出："市场经济是社会主义经济的必由之路。"在此之前，中国经济学界还从未有人提出过这样的观点。

正是这篇具有划时代意义的文章，使顾准逝世二十年后，获得了"中国市场经济第一人"的美誉。而在当时，却被视为离经叛道的邪恶异端。1957 年开展的反右运动中，《试论》一文中的观点被定性为严重的右派言论，成了顾准的罪状之一；另一项罪名是"反苏"。他在综考会工作时，参加了中苏联合考察队，赴黑龙江探讨两国合作利用水力资源。那时正值"一边倒"时期，别人见到苏联专家大多唯唯诺诺，唯命是从。可顾准为了维护祖国利益，在坝址的选择上与苏方针锋相对，争执得很厉害。还对苏联专家傲慢无礼的态度表示不满，得罪了"老大哥"。他的这些言行被人打了小报告。当时兼任文教系统领导的康生，在看到顾准的材料后，当众恶狠狠地骂道："顾准这种人不是右派，谁是右派？！"康生这一表态，把顾准划成右派就成了不可更改的组织决定。[1]

1957年，母亲刚到经济所不久，顾准就被划成右派。经济所要对他的右派言论进行"消毒"，上方给母亲布置了一项任务：写文章批判顾准的《试论社会主义制度下的商品生产和价值规律》一文。当时母亲很年轻，刚30出头，属于进步青年一类。很快，由她执笔写出了一篇奉命文字，题为《驳斥顾准关于价值规律的修正主义观点》，刊登在《经济研究》1957年第6期上。多年后，当母亲和顾准伯伯一起回忆她写的那篇批判文章时，顾伯伯哈哈大笑说："咱们真是不打不相识啊！"

顾准1962年回到经济所后，被安排到政治经济学组工作，恰好与母亲同在一组。通过接触，母亲逐渐认识到顾准这个人非同凡响：他头脑清楚、看问题敏锐、知识渊博。特别是他在治学方面刻苦认真的态度，给母亲留下了深刻的印象。"文革"前顾准在翻译西方经济学名著时，常碰到一些数学公式。为了更好地理解西方经济学理论，他借了一本很厚的高等数学，不厌其烦地演算一道道习题，这种刻苦治学精神在老干部中极为罕见。

给母亲印象特别深的，还有顾准那铮铮铁骨。"文革"初期，顾准

1　高建国《顾准全传》，上海文艺出版社，2000年

受到更大的冲击，红卫兵勒令他们这些"牛鬼蛇神"交代自己的罪行。别人都小心翼翼把写好的交代材料贴到布告栏上；唯独顾准只在一张稿纸上写了两个大大的字："读史"，便贴了上去。造反派将他痛打一顿，责问为何要这么写。他说："因为最近什么都没干，只读了些史书。"事后他对母亲讲："眼见那些红卫兵到处打、砸、抢、抄家，这些将来都得写进历史。我倒要看看中国会变成什么样，中国向何处去……"多年后母亲回忆这件事，认为顾准在文革初期就写下"读史"这两个字，说明他早在那个时候就已经理性地看待"文革"。

据母亲讲：顾准做事非常讲原则，从不畏惧强权。"文革"中他给前来外调的人和给本所的人先后写了几十万字的"交代材料"。在这些文字中，每句话都实事求是，从不为了讨好某人，或夹杂个人恩怨而写不负责任的话。从 1967 年 3 月起，找顾准外调的人逐渐增多，到了 1968 年冬更是达到高潮，最多时一天就要应对三、四拨前来外调的人。当时如果不顺着外调人员的口径讲话，就要吃苦头。一次，有几个红卫兵来到经济所，要求顾准写一份材料，说明上海某人过去曾和国民党有瓜葛。可他说从来不知道这个事。当时红卫兵打了他一个耳光，他干脆把脸送过去，让红卫兵一连串打了十几个耳光。红卫兵见顾准怒目而视，也就打不下去了。后来顾准给他们写的材料仍然坚持说不知道这件事。[1]

母亲心地善良，乐于助人，特别是当朋友处于危难之际。文革期

1　张纯音《我所认识的顾老——给陈敏之的信》，摘自《顾准寻思录》，陈敏之／丁东编，作家出版社，1998 年

间，顾准、孙冶方、骆耕漠等几位德高望重的朋友挨整，她曾多次暗中帮助他们。

文革初期，顾准被隔离审查，存款遭冻结，每月只发二十元生活费。母亲想到他既要吃饭，又要抽烟，经济上一定非常拮据。于是趁没人的时候，偷偷在他办公桌上放了八十元钱。当时八十元不是一个小数目，接近她一个月的工资。1972年他们从干校回到北京后，顾准的经济状况略有好转。一次他拿出八十元，说："这钱还给你。"母亲觉得奇怪："你怎么知道那钱是我放的？"他说："我当然知道，除了你不会有第二个人。"他还说："这钱真是及时雨，当时我都险些没钱吃饭了，几次想找你借，只是不好意思开口。"

1969年春节过后，顾准随同其他监管对象，被押送到位于建国门外的学部大院接受隔离审查。他虽然在此之前已被迫与夫人汪璧离婚，子女又都跟他断绝了关系，可内心深处无时无刻不惦记着他深爱着的妻子儿女，幻想着有朝一日能与妻子破镜重圆。

1969年11月初，学部正式宣布要下放到河南息县五七干校。经济所作为"先遣队"，将于11月16日出发。此时，顾准并不知道妻子已于一年多前自杀身亡，仍一再写申请要求在走之前与妻子见上一面。对于所领导、工宣队的支吾、搪塞，他突然有一种不祥的预感，意识到他的秀（汪璧）或许已不在人世。他急迫地对连指导员杨清华保证："无论她死了、疯了、病重了，都一不影响下去，二不影响改造。"领导这才对他说了实话。汪璧的死讯，对顾准犹如晴天霹雳，悲伤欲绝。他在当天的日记中凄惨地写到："闻噩耗，既觉意外，也不觉意外……我此时只想知道她死时的情况。赵说，他们帮我找找，我就去打饭来吃。吃了几口饭，悲从中来，脸伏在饭盆上失声大号。但我还是抑制住，努力把饭吃完。我要活下去……"

顾准接下来恳请军宣队帮他找一下大女儿稺头（顾淑林），希望在走之前跟她见一面，一起在外面吃顿饭，顺便了解一下亲人的消息。军宣队领导同意了，派人去和稺头联系，可她竟拒绝会见。[1]孩子的绝情，对他来说更是雪上加霜。

经历干校

学部下干校，母亲带上了我。那年我只有 15 岁，还是个稚气未脱的少年。母亲为了让我了解顾准伯伯，同她一道照顾这位老朋友，跟我讲述了许多关于伯伯的事：他的人品、他的学问，以及他所遭遇的种种不幸。

母亲说她第一次知道顾准这个名字，是在解放初期的上海。那时顾准任上海税务局长，三天两头签发关于税收的公告，满大街贴的都是署名"顾准"的告示，他被人们戏称为"布告局长"。没想到这位"布告局长"不久之后就因莫须有的罪名遭到撤职，落难后两度来到经济所，再后来竟然成为她的好友。

对于母亲描述顾准这个右派是"第一流的德和才"，我一点儿也不觉得奇怪。她以前就曾跟我说过，"右派分子"往往是一些耿直且

---

1 陈敏之《送别——在顾准身边的最后一个月》，《顾准日记》附录，经济日报出版社，1997 年

德才兼备的好人。你姨姥姥和舅公就是右派，他们不都是人品好、学问高的好人吗？对于母亲帮助落难学者，我更不感到意外。她的善良和乐于助人在亲友、同事当中是有名的。

刚下干校时，政治气氛左得出奇。顾准伯伯是监管对象，经常挨斗，处境极为恶劣。此时母亲却冒着受牵连的危险，继续暗中与他来往。

顾伯伯的胞弟陈敏之在他故去后撰文这样记述："五哥生前就曾告诉过我：1969 年 11 月，经济所从北京搬去河南息县时，他正是刚刚获悉五嫂（汪璧）去世已经一年多，稽头（顾准大女儿）拒绝和五哥会见，不仅是精神上受到最严重打击的时候，也是生活上最艰苦的时候。就是在这种情况下，纯音同志和他的女儿咪咪给予五哥最难得的关心和照顾……"[1]

干校初期伙食特别差。母亲考虑到顾伯伯身体不好，肯定需要营养补充。而我们下来之前料到干校生活会很艰苦，带了不少奶粉、肉罐头等食品。于是母亲想到给顾伯伯送去一些。当时做这样的事非常危险，一旦被抓住，扣上一顶与监管对象勾勾搭搭的帽子。在那个"阶级斗争一抓就灵"的年代，轻则大会小会点名批判，重则隔离审查，失去人身自由。于是母亲想到让我去送，一个十几岁的孩子不会像大人那么惹眼。我那时已经懂事，对顾伯伯的不幸遭遇深感同情，很愿意帮助他。

刚下干校不久，顾伯伯来向母亲借布票。当时买布除了要花钱，还得用布票。可伯伯自己平时积攒的布票有限，还差一些。他在当天

1　陈敏之《送别——在顾准身边的最后一个月》,《顾准日记》附录，经济日报出版社，1997 年

的日记中写道："借张纯音布票二尺，买维尼纶混纺布三十尺……用大量素白维尼纶混纺布，枕套被里都是。这次整理起来的被服，大体可以用到我长辞人世之日。服丧从白，自古礼也……"原来顾伯伯很想悼念亡妻汪璧。可在那个极左、高压的政治环境下，他既不可能穿孝服，也不可能戴黑纱，于是想到多买一些白布，做成白色被套、枕套，以这种方式来寄托哀思。

即使在如此艰困的境遇下，顾伯伯并未悲观消沉，停止对各种问题的思考。他坚信这种状况不会长此下去，并在日记中写道：

> 我决心在五七干校一面劳动，一面继续观察思考和研究。北京藏书，大体上已经利用过。通过这些书籍，我眼界开阔到上下古今……一个人用全部生命写出来的东西，并非无聊文人的无病呻吟，那应该是铭刻在脑袋中，融化在血液里的东西。我所要写的，没有书籍、卡片也可写，丧失它们，又何所惧。[1]

干校后期，顾准如饥似渴地阅读所能找到的中外书籍。他要解答一个深感困惑的问题："为什么我们追求革命理想，千百万人为之奋斗牺牲，换来的却是'无产阶级专政'的专制独裁政权？"他决心认真研究各国政治、经济、文化发展的历史，探索中国和世界未来的道路该如何走。

赵人伟曾谈到干校期间这样一件事；一次在与顾准聊天时，顾居

1　顾准《顾准日记》，陈敏之／丁东编，经济日报出版社，1997 年

然对当时大力提倡的"颗粒归仓"这一口号提出了质疑。"颗粒归仓"是指把粮食视做生命，收割后不让任何一粒粮食遗留在地里。他说："这种精神无疑是好的，体现了中华民族勤俭持家的优良传统。不过从经济操作上来讲，还有一个限度问题。如果一位农家老妇人去地里捡麦穗，每天能捡回十斤八斤麦子当然很好。但到后来如果每天只能

经济学家赵人伟

捡回一斤麦子，而她每天的消耗也要一斤麦子时，就到了一个边界。赵问他：如果这位老妇人不去地里捡麦子，在家里闲坐着，每天也要消耗六两麦子，该怎么办？他说：在这种情况下，她至少每天要捡回四两麦子，才值得这么做。赵人伟认为，考虑到顾准在当代西方经济学和高等数学方面的素养，特别是在导数和微积分方面的素养，如果有机会，他是可以对经济问题进行边际分析的。

母亲曾跟我提到这样一件事：1971年林彪事件发生后，先以中央文件的形式向党内高级干部传达，然后是党内普通干部，最后到一般群众。但对"牛鬼蛇神"还是保密。一天，母亲要将一只箱子送到火车站托运。她自己弄不了，请所里派人帮忙，结果派来的人恰好是顾伯伯。他拉着一辆架子车，把箱子放在车上。一路上他们边走边聊，母亲趁此机会把林彪事件跟他讲了。他说："我对党内派系斗争的来龙去脉很清楚，早就料到会有这一天。"

顾准在北京中山公园（摄于1972年12月）

亦师亦友

1972 年 7 月，学部全体人员从干校返回北京。我家因下去之前把房子退了，被安排住在学部大院 8 号楼二层。顾伯伯有家不能回，也同住在这一层楼里。

这是一座 U 字型筒子楼，共两层，过去是招待所。本来跟他同住一室的，还有经济所李学曾。李在北京大概还有其他住处，多数时间都不在，故那个 12 平方米的房间实际上是顾伯伯一个人住。自 1966 年"文革"开始他被隔离审查，到从干校返回北京，这是伯伯第一次有了自己的私人空间。他的住室在八号楼二层西侧最南端，离我家非常近，出门沿过道往北走，经过几个房门往东一拐就是我家。

这时运动重点是清查"五一六"，人们忙着打派仗，顾不上那些"死老虎"。顾准便利用这难得的安宁，开始着手他那庞大的探索研究。

那栋楼二层东侧有个电视房，里面摆放着一台 14 寸黑白电视机。每天晚上 7 点，有人负责打开机柜给大家放电视。这时全楼几乎所有的男女老少都聚集到那里，享受这一点点有限的娱乐，整个楼一下子变得异常寂静。母亲和顾准伯伯从来不去看电视，他们正好利用在这难得的宁静来探讨各种问题。

这段时间是母亲与顾伯伯交往最多的阶段，几乎每天都与他长谈。伯伯白天去北京图书馆收集资料、写读书笔记，晚上跟母亲谈他的思想、他的写作计划、以及他对各种问题的看法。他说很喜欢这样的谈天，等于梳理思想。

顾准对各种问题的看法往往惊世骇俗，却有理有据，令人信服。

母亲常对他的一些精辟见解赞叹不已，称他是天才的思想家，每天都能"分泌"出精彩的思想。对他学问的评价：一是博，二是深。偶尔母亲不同意他的某个观点，于是两人争执不休，面红耳赤，甚至为某个字的读音也要辨清孰是孰非。不过，这些都是学术之争，丝毫不会影响他们的友情。

一次，顾伯伯在谈话中用了"饮鸩止渴"这个成语。他把"鸩"字读成了 chén，母亲说："你这个字读错了，应该读 zhèn，结果两人争执起来，互不相让。这时顾伯伯从书架上抽出刚刚在内部发行的《现代汉语词典》，查出"鸩"字果然读 zhèn。他不好意思地笑了，说："得，我认输。过去上学太少，到底不如你的文化底子好。"

那段时间，顾伯伯完全沉浸在学问当中，已经达到忘我的地步。他每天大量阅读，写读书笔记。每周读的书能开出一个长长的单子。不过，对于天才与勤奋的关系，他跟母亲的观点倒惊人地一致。谈到爱迪生，他说："尽管爱迪生把成功归结为 99% 的汗水加 1% 的灵感，可若没有那 1%，他也就什么都不是了。"有人说顾准恃才傲物，这倒不冤枉他。一次谈到"虚心使人进步，骄傲使人落后"这句毛语录时，他半开玩笑地说："我的看法反其道而行之：'骄傲使人进步，虚心使人落后。'"

顾伯伯在思想上颇受基督教某些教义的影响，认为这个世界最终还是要实现大同，"四海之内，皆为兄弟"。他所奉行的座右铭是："宁可天下人负我，勿让我负天下人"。正是本着这一原则，他对所有过去整过他、害过他的人，一律宽恕。

母亲对此颇不以为然，认为《圣经》中的那句话："别人打了你的左脸，伸出右脸也让他打"是奴隶主义哲学，不足取。她说："我的观点针锋相对，即：以牙还牙，以眼还眼。"顾伯伯则争辩道："人类社会正是因为有强烈的报复之心，你打我一拳，我踢你一脚，才总是争斗不已。如果大家都怀有宽容仁爱之心，这个世界会好得多。"对于他们的讨论，我感到非常有意思。顾伯伯随即从书架上抽出一本中英文对照的《圣经》（新约全书），建议我读一读。这本书是1961年2月他在北京东安市场旧书摊儿上淘到的，是他写《从理想主义到经验主义》等著作的重要参考书，上面有他的签名。在他去世后遵照他的遗嘱作为纪念品留给了我，一直珍藏至今。

顾准一生坎坷，受了很多罪，可还是以平常心对待他人。不像有些人受了欺负后，以牙还牙，用一种扭曲的心态对付他人；或自己挨过整，但整起人来也够狠；还有些人是既挨整，又整人，即你亏了我，我就得去亏别人，用这种做法取得心理上的平衡。像顾准这样一辈子挨整，却从未整过任何人，在当过领导干部的人中实属罕见。（赵人伟语）

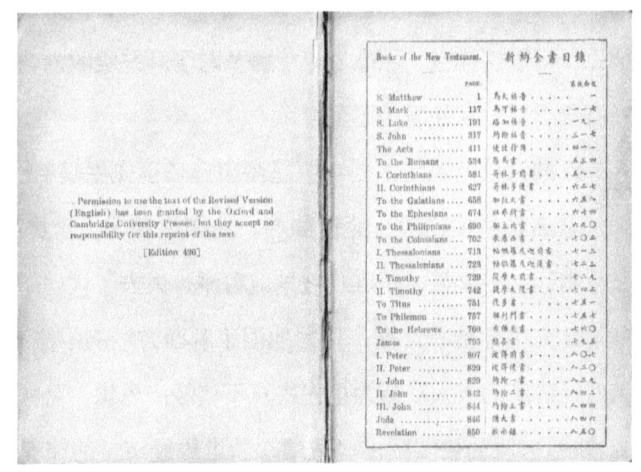

顾准遗藏：中英
文对照《新约全
书》（圣经）

顾准曾对孙冶方说："我的手上没有血。"他从不屈服于淫威，没说过一句冤枉他人的假话。农业大学专案组曾找顾准调查谭震林的历史问题，让他确认谭是"叛徒"。抗战期间，有一阵顾准在新四军担任《东进报》主编，未经请示擅自修改了谭震林（时任第六师师长）发表在报上的文章，结果被撤职。即便如此，顾准也没有借机报复，他坚决否认专案组对谭震林的栽赃。结果被外调人员痛殴。打完再问，回答依旧，气得对方大喊："滚回去！"

顾准很注意跟上时代，站在学术最前沿。之所以能做到这一点，须提及当时经济所图书馆馆长宗井滔先生。宗先生过去在中央研究院社会研究所（经济研究所前身）就搞图书管理，通晓英、德、法、日、俄等多种外语。他是个有心人，文革期间，其他单位图书馆大多陷于瘫痪，他却敢于动用外汇，一直坚持购进国外最新图书、期刊，当中只断过一、两年。据我所知，顾伯伯最后两年读的书当中，历史学文献大部分来自北京图书馆；而经济学文献则大部分来自经济所图书馆。宗先生不断地进书，顾准不断地读书，这种情景在文革期间极为罕见。可以这样说，顾准当年能够及时了解并吸收六、七十年代西方经济学思想，宗井滔功不可没。

顾准讨论问题的主要对象是巫宝三。巫先生是哈佛经济学博士，师从著名教授柏拉克、熊彼德等。他知识渊博、学贯中西。1957年在反右运动中挨整，差点儿被划成右派，失去了代理所长的职务。顾准对巫先生评价非常高，认为他很了解西方经济学流派，有真学问。当时经济所的人大多认为巫先生从不谈经济思想，可顾准却跟吴敬琏叔叔说："巫先生实际上一直跟踪着世界经济学的演变，对现代经济学的源流十分清楚。只是由于政治原因变得很谨慎，绝口不谈西方经济学，而只谈中国古代经济思想史，如管子什么的。"

巫宝三经常向顾准推荐一些新的经济学著作和文章。在当时，凯恩斯主义受到二战以来最严厉的挑战，主流经济学遇到了第二次危机。以哈耶克为代表的新自由主义正崭露头角，顾准过去并不知道罗滨逊夫人（Joan Robinson）在经济学流派中的地位，跟巫宝三讨论了之后，了解到她那篇《经济学的第二次革命》意义之所在，于是翻译了罗滨逊夫人的《经济论文集》。罗宾逊夫人是左翼凯恩斯主义学者，时称"新剑桥学派"，她的学说与哈耶克的新自由主义、萨缪尔森为代表的美国凯恩斯主义为当时鼎足而立的一大学派，对于那个时候的中国学者来说，她的思想似乎更容易接受。[1]

顾准学术水平高，英文又好，经济所一些勤奋好学的中年人在这期间常向他求教。他跟我们开玩笑说："最近收了几个学生"。"牛鬼蛇神"收学生，在文革期间可是个稀罕事。就我所知，他的学生有吴敬琏、赵人伟、周叔莲、张曙光、林青松等，当然也包括我母亲。他跟这些人讨论问题，指导他们读书、翻译西方经济学论文，对提高他们的学术水平起了重要作用。由于顾准的子女都不肯见他，所里这些人经常向他求教，对他来说也是一种安慰。

当时经济所的这些研究人员由于与世界隔绝了几十年，对西方经济学几乎完全不了解。1972年从干校回到北京后，在顾准伯伯的带领下，所里几位中年研究人员开始如饥似渴地研究和吸收西方经济学

1　吴晓波《吴敬琏传》，中信出版社，2010年

巫宝三在自家小院（摄于1962年）

的最新理念。

一次，顾准从宗井滔那里拿来一本美国经济学会的高级学术刊物：《美国经济评论》（American Economic Review），从中选出几篇最新的探索性经济学论文分给吴敬琏、赵人伟和我母亲，让他们拿去翻译，翻好之后由他来批改。

母亲中学时代上的是上海中西女中和工部局女中。这是两所教会学校，英语教学质量非常高，到了高中就开始读《傲慢与偏见》等原版小说。可解放后国家一边倒向苏联，同时政治运动不断，她二十多年不用英语，有点儿生疏了。1971年7月，基辛格秘密访华，之后中美双方发表了联合公告，宣布美国总统尼克松将于1972年5月前访华。这是个爆炸性新闻。当时还在干校的母亲，马上意识到中美对峙了二十多年，关系终于出现了转机。为了跟上时代变化，她决定重拾英语，找了些书开始复习。可这事很快就引起了上方的注意，连长靳某某在全所大会上不点名批判："尼克松要访华，有人就闻风而动学起英语来，她到底想做什么？！"

母亲有一次跟赵人伟谈到顾准给她布置的翻译作业。她说:"我的英文水平过去是可以直接看懂好莱坞原版电影的,可老顾给我的论文却怎么也读不懂。即便把每个字都查了词典,仍不懂。可见不是英语水平问题,而是经济学水平问题,我们对西方当代经济学实在太隔膜了。"赵人伟说:"我也有同感。老顾从《美国经济评论》中选了鲍尔丁的《作为道德科学的经济学》一文,对我说:'这篇文章写得太好了,你要学英文和经济学,可以试着把它翻译过来。'可我啃了一两个礼拜都啃不下来。勉强译了几段拿给他看,他看了之后说:'程度还是不够'。"

听赵人伟讲,有一天他把翻译好的论文交给顾准。本来那天顾是要去北京图书馆查资料的,可为了帮他改翻译稿,放弃了去北图,边批改边讲解,整整花了七个小时,用红笔在稿纸的四周改得密密麻麻的。不但修改译文的措辞,还详细解释为什么用这个词而不用那个词,其内涵是什么,讲得非常透彻。如:"mechanism"这个词要翻译成"机制"而不是"机构",因为它指的是机体的运作方式。

顾准那段时间身体状况已经很糟了,可只要所里这些中青年研究人员前来求教,他总是热心相助。

赵人伟在向顾准请教的过程中,感到他作为一个学者非常了不起,知识面极广。他治学的一个重要特点是古今中外,纵横比较。不仅进行多学科的研究,而且从西方历史和中国历史的研究开始,再对未来进行考察。'文革'前顾准就翻译了熊彼得的《资本主义、社会主义和民主主义》等著作。1974年初,"批林批孔"运动开始后,他从赵那里借来《诸子集成》仔细阅读,并谈了感想。顾准说:"老赵,可惜时

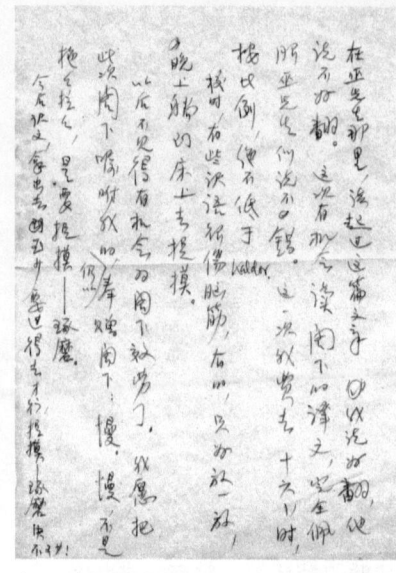
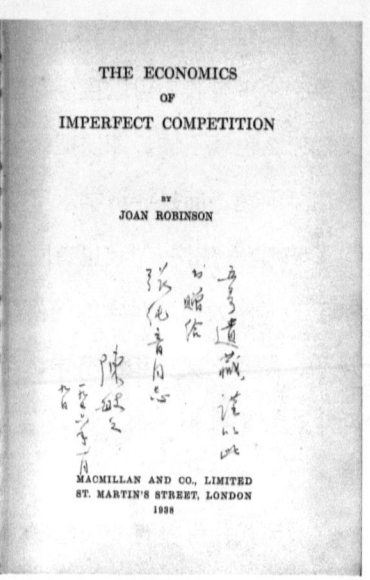

左：顾准就我母亲的译文写的意见

右：顾准遗藏：罗宾逊夫人著《不完全竞争经济学》（The Economics of Imperfect Competition）

间都耽误掉了，如果能够静下心来，我拿三个博士学位都没有问题的。"
赵好奇地问是哪三个博士？他说："第一是经济学博士；第二是历史学
博士；第三是数学博士"。最使赵人伟好奇的是顾准的数学功底。顾
准知道他的疑点所在，接着说道："从 50 年代以来，我把数学系统地
学了一遍——从初中代数、平面几何到高等数学，而且经常演算习题"。
他还说："我年轻的时候，在潘序伦的立信会计师事务所工作，实际上
用不到高等数学；真正搞高等数学，还是在'三反'、'五反'运动中
我被罢官以后。从那时起，把高等数学差不多学了一遍。"赵人伟听了
很惊讶。一个当过"大官"被贬下来的人，居然还把高等数学弄会了！[1]

1　丁东小群《赵人伟忆顾准》，2024 年 4 月 15 日

顾准为了节省时间，从不自己做饭，而是去食堂打饭来吃。每到吃饭时间，总会看到他拿个很大的白色搪瓷缸子，径直朝食堂走去。学部食堂的大锅饭营养倒是够了，可味道实在不敢恭维。母亲有时烧了比较可口的菜，如红烧排骨什么的，就会分出一些让我给顾伯伯端过去。即便如此，她还是对顾伯伯的健康忧心忡忡。一次，她跟老友骆耕漠说："老顾身体这么虚弱，却整天埋头读书，缺少活动，咱们得想点儿办法才好。"从那以后，母亲、骆老，还有江明，会时不时拉顾伯伯去附近的小饭馆儿吃饭，并借机陪他逛逛街，每次他都非常高兴。

最后的夙愿

顾准的肺部一直有问题，在干校的时候就经常咳嗽，痰中带血，还时不时发低烧。他去医院看过几回，有的医生诊断为肺气肿，也有的诊断为支气管扩张。他觉得这些都不是什么要命的病，也就没放在心上。可是到了 1974 年 10 月下旬，他的病情突然恶化，大口吐血，每天咯血大半痰盂。经济所领导看他实在撑不住了，才于 11 月 2 日把他送进协和医院。刚开始医院不收这个"极右派"，他只能躺在急诊室外的走廊里。双目几近失明的骆耕漠拄着拐杖为他四处奔走求助，找到当时刚刚获得"解放"的中国医学科学院党委书记杨纯帮忙，顾准才住进病房。这回医生倒是比较重视，为他做了详细检查。结果发现他的痰中有癌细胞，CT 检查也显示他的肺部长了一个鸡蛋大的肿瘤，诊断结果是晚期肺癌。

当时国内医生考虑到病人可能承受不了严重打击，一般不会对癌症患者讲实情，只把诊断结果告诉家属，所以顾准最初并不知道他患的是肺癌。可几位大夫查房的时候讨论他的病情，用了"cancer（癌）"这个词。他们哪里知到，这位患者精通英语，一听心里就明白了八、九分。顾伯伯为了弄清自己的病，趁午休时间跑到护士站，翻出他的病历，从头到尾仔仔细细看了一遍。

那时母亲已经知晓他的诊断结果。下午去医院探视的时候，顾伯伯对母亲说："你知道我得的是什么病吗？是 cancer！"母亲心里一阵绞痛，简直不知该说什么才好。更令母亲伤感不已的是他接下来的话："这下可好了，我快死了，孩子们总该来看我了吧？"患了绝症，首先想到的却是孩子们就会来看他。而能换来孩子们的探访，自己也就死不足惜了。足见他对几个孩子的爱和思念有多么的深。可悲的是，他的这点可怜愿望竟然到死也没能实现！

顾伯伯的癌肿长得位置特别不好，顶在心脏与气管之间，既不能手术切除，也不能做放疗。协和医院的西医大夫表示已无能为力。

顾伯伯一向只相信西医。他曾跟母亲谈到对中、西医的看法："尽管我父亲就是中医大夫，可我还是不相信中医能治病。就拿诊断来说，西医靠的是物理的眼睛：X 光透视、CT、超声波等；还有化学的眼睛：验血、验尿……可中医呢，光靠号脉就能查百病吗？我根本不信！"

可是，母亲还有顾准的六弟陈敏之，以及他的几位老朋友都不甘心放弃治疗，他们要穷尽一切方法来挽救他的生命。绝望之下，只好将目光转向中医。顾准当年的入党介绍人——林里夫找到一位自称能治各种癌症的老中医。那人架子很大，一定要有小汽车接送，否则不肯出诊。当时还没有出租车，更没有私人汽车，母亲他们都是平民百姓，不可能有公家配给的车。她说："我当时真恨不得给那姓李的老中医跪下！"后来还是母亲，搀扶着眼睛几乎看不见的骆耕漠伯伯，顶着寒风找他的老战友——原铁道兵兵团政委张崇文，才解决了车子问题。李大夫开出方子后，母亲主动承担了抓药、煎药的任务。待药煎好，她把浓浓的汤汁端给顾准，说："喝了吧，对你的病有好处。"顾伯伯苦笑了一下，叹了口气："唉，盛情难却！"接着便一饮而尽。尽管他根本不相信中药能治他的病，可是为了不拂逆老朋友的一片好心，不使他们过于失望，还是勉强把药喝光。

为了照顾生命垂危的顾准，经济所的几位挚友，自发轮流到医院进行护理和陪夜。这些满腔热忱、不避嫌疑前来值班的人有：骆耕漠、吴敬琏、张纯音、林里夫、江明等。林里夫伯伯还让他的女儿林皎皎，每天上午去医院，顶替顾准的弟弟陈敏之，免得他累垮了。

顾准的后半生是极其不幸的。他不断挨整，家破人亡，孑然一身。在最需要亲情的时候，亲人却都远离了他。他自嘲是"丧家之犬"。然而他又是非常幸运的。两度遭难后，都是经济研究所收留了他。这个高水平研究机构，聚集了当时中国一代知识精英。老一辈的有：孙冶方、骆耕漠、张闻天、巫宝三、汪敬虞、狄超白……中青年学者有：吴敬琏、赵人伟、董辅礽、张纯音、张卓元、周叔莲……记得一次他跟母亲谈到经济所，戏称这个单位是"聚宝盆"。

多年来经济所的一些同事给予了顾伯伯不是亲情，却胜似亲情的关爱。使他能够在极端残酷的社会大环境中幸存下来，并将多年经探索、研究形成的部分思想，以文字的形式留在人间。

顾准在庐山（摄于1953年7月）

送给
叔林
小米

爸爸摄於庐山

一九五三年七月

我坐在五老峰的一块
石头上，这个峰拔海
一千四百公尺

顾准在照片背面给大女儿、大儿子写的说明

顾准最后的一个月是在协和医院度过的，同病房里还住着人民艺术剧院著名导演焦菊隐。焦先生患的也是晚期肺癌，经过一个疗程的化疗，癌肿由原来拳头那么大，缩小到核桃那么小，他和家人都非常高兴。焦先生是个乐观的人，时不时以自己的治疗效果为例，给顾伯伯打气。母亲也从旁安慰："现代医学发展日新月异，说不定哪天就会有办法治你的病。"可伯伯却摇摇头说："我心里很明白，这次得前门进，后门出了（指太平间）。人类征服疾病是一个漫长的过程。你看，《圣经》里面描述，耶稣摸了麻风病人，那人就好了。这故事说明，当时人们多么渴望有办法治愈麻风病。可两千年过去了，这种病还在危害人类健康。至于癌症……"母亲事后哀叹："顾准这个人头脑太清醒了，连安慰他都很难。"

据母亲讲，顾准在生命的最后几天情绪非常不好，伤心之极，甚至可以说是绝望。他后半生虽历尽坎坷、饱受磨难，却依旧热爱生命，留恋这个世界。希望籍自己不懈研究，为国家、为人类做出贡献。他对母亲说："生活毕竟是美好的！我才59岁，真不愿意死啊，我还有很多事没做完……"他为没来得及把已经日臻成熟的许多思想写出来而痛心疾首！

顾准仍苦苦期盼着孩子们来看他，时时刻刻等待他们出现。他对前来探视的七弟声音哽咽地反复说："我想他们（指他的孩子们）想得好苦啊！"胞弟陈敏之为了让他在临终前能跟孩子们见上一面，不断地做几个孩子的工作。

为了避免面对面谈话控制不住激动的情绪，陈敏之给顾准的子女写了一封信，信中说：

历史上有许多先驱者（社会、政治、哲学、自然科学各个领域）不被当代的人们所理解，被视为异端，这种情况并不罕见。你们的爸爸虽然还不能说是这样的先驱者，但是据我所知，我敢断言，他决不是一个反革命者，决不是一个反社会主义者。我敢同样断言，你们对你们的爸爸实际上一点不理解。他比我和你们的目光要远大得多。许多年来，他不过是在探索当代和未来的许多根本问题的答案，如此而已。如果认为这样的探索就是一种该死的异端，那他绝不是一个真正的马克思主义者。如果有人以有他为辱，我却以有他这样的哥哥为荣。[1]

可是，所有的努力都白费了，得到的答复只有两个字"不去"，理由是"怕受爸爸的影响"。大女儿稺头（顾淑林）竟然说："经济所军宣队想甩包袱。"还说："我已写信给重之（顾准的小儿子），让他不要来，理由是不合适。"

尽管孩子们多年来对他是这样的态度，可顾准却始终原谅他们，认为这一家庭悲剧是社会大环境使然，不应该责怪他们。就在临终前十几天，为了见到孩子们，他甚至忍受屈辱极不情愿地在一份"认错书"上签了字，以换取摘除"右派分子"的帽子。他的遗嘱最后一句话还是："祝福我的孩子们"。

唉，可怜天下父母心！这可真是父爱如海，深沉而宽厚。正如他的老友陈易所说，他是"英雄肝胆，儿女心肠。"

1　陈敏之《送别——在顾准身边的最后一个月》，《顾准日记》附录，陈敏之／丁东编，经济日报出版社，1997年

1974 年 11 月 16 日，经济所党内外群众经过讨论，一致同意给顾准摘除"右派分子"的帽子。按说界线这个"障碍"这时已不复存在。可是，重之（顾准的小儿子）仍然不回来；大女儿稽头（顾淑林）、大儿子小米（顾逸东）仍然不去医院。

经济所领导代表组织，多次给在内蒙插队的顾准小儿子顾重之写信、拍电报，要他回来照看父亲。在顾伯伯的心目中，重之对他还是有一定感情的。可他哪里知道，跟孩子分别的八年间，这个孩子已经发生了巨大的变化。11 月 24 日，重之给陈敏之回了一封信，表示坚决不回来。信中说："在对党的事业的热爱和对顾准的憎恨之间是不可能存在什么一般的父子感情的。……我是要跟党跟毛主席走的，我是绝不能跟着顾准走的。在这种情况下，我们采取了断绝关系的措施，我至今认为是正确的，我丝毫也不认为是过分。……我相信在我们的亲属中间也存在着严重深刻的斗争，这也是毫不奇怪的。"[1]

大概现在的年轻人看来，这种无情近乎匪夷所思。其实在当年的政治氛围中，人与人之间都要"亲不亲，阶级分"。动不动就是"用无产阶级专政的铁拳，砸烂阶级敌人的狗头"。谁要是不幸被指为"阶级敌人"，简直是生不如死。那些"黑五类"的子女们要么考虑自己的"政治前途"，要么迫于社会压力，与家长划清界线，做出这样绝情的事情在当时并不罕见。

顾准的六弟陈敏之在他去世两个月后，写了一篇纪实文字《悼念五哥顾准同志》，详细记述了顾准生前最后一个月所发生的一切。他

1　陈敏之《悼念五哥顾准同志》，油印本，1975 年 3 月

顾准于1974年12月3日凌晨病故。这是当天晚上陈敏之写给母亲的条子，连同顾准部分遗物一并交给母亲请人将此文用一台老式打字机打出来，油印了十几份，在很小的范围内传看，也给了我一本，一直保存至今。其中写道："11 月 27 日，当他明确获知小儿子重之最终决定不来，其他几个孩子也不肯来看他，情绪异常激动，连续四个小时都不能平静。第二天，他对前来探视的三妹和七弟说：'想不到过去写的那个东西（指断绝关系的声明）竟有这么大的效力啊！'从这天起，他的病情急转直下，迅速恶化。仅仅过了不到 5 天，就永远离开了人世。"[1]

在生命的最后几天，顾准总是两眼长时间直勾勾地盯着天花板，吃力地大口喘息，内心的苦楚难以诉说，他实在是心有不甘啊……

据母亲生前回忆：死去的顾准，穿一身藏青色半旧中山装。他两眼不闭，嘴半张着，好像还有许多话没讲出来。

多年后，顾准伯伯的长子顾逸东，在接受《顾准全传》作者高建国的采访时说："在父亲遗体告别那天，我和姐姐淑林特意提早一个半小时就到了协和医院，等着向父亲的遗体告别。在那里我见到了父亲的许多朋友。一个老先生看了我一眼，眼光像刀子一般。张纯音向我们走来，她缓缓地说，父亲临终前要她转告我们：'我已经原谅你们了，也请你们原谅我吧。'"顾逸东说到这里，已经泣不成声，他一边哭，一边痛悔地喊道："而我们，我们当时竟然一句话也没有！一点什么也没有表示啊……"[2]

笔者最近见到吴敬琏叔叔，听他说起顾准去世后，他们几位挚友

1　陈敏之《悼念五哥顾准同志》，油印本，1975 年 3 月

2　高建国《顾准全传》，上海文艺出版社，2000 年

顾准遗物：

上：北京科学会堂证

中：钢笔和镀银咖啡勺

下：多用刀

感到非常不舍，准备在医院太平间举行一个简单的遗体告别仪式。正在布置会场的时候，顾准的大儿子小米（顾逸东）、大女儿稚头（顾淑林）在父亲死后终于出现了。我母亲一见他们，气愤地指着鼻子大声斥责："你们还有脸来？！你们太不像话了，父亲病成这样都不来！"吴叔叔说："我当时感到非常惊愕，没想到平日里性格温和的张纯音，竟然会发这么大的火！"

1980年2月9日，顾准被恢复名誉，彻底平反。1982年，他的《希腊城邦制度》一书出版。他的胞弟陈敏之用该书稿费请顾准生前几位好友在前门饭店吃了一顿饭，感谢大家过去对顾伯伯的诸多照顾，我和我母亲也应邀参加。席间，一位年轻人朝我走来。他说："咪咪，让我敬你一杯，我感到很惭愧，没脸见你……"这个年轻人就是顾准伯伯的小儿子顾重之。我听说他很优秀，是恢复高考后1979年北京市文科状元。相信那时的他，已为过去对父亲的所作所为后悔不已了。

顾伯伯在病重期间曾对母亲说："我们的友谊很纯啊，今生我是无法报答你了，日后定'衔环结草'"。两年后，母亲把这事讲给我听。我不懂"衔环结草"是什么意思，她解释说：这是两个典故，意思是对生前有恩于自己的人，死后变成鬼去报答他。

顾准伯伯于1974年11月17日口述了一份遗嘱，由他六弟陈敏之记录，经他过目后签字。这时距离他辞世仅仅只有19天。遗嘱的内容都是如何安排一些身后事宜，一共四条。其中第三条是："请六弟选择一些纪念物品，代我送给张纯音同志和她的女儿咪咪。

母亲后来对我讲，她感到非常安慰，说明顾准很看重他们之间的友情。她说："你还年轻，不懂得顾准这个人的学术思想、道德文章有多了不起！我为一生中有这样一位志同道合的挚友而感到骄傲。"她讲这话是在 1975 年，当时中国还处于"文革"——那个最黑暗的历史时期，世上真正理解顾准的人屈指可数。

就在顾准伯伯辞世几个月后，母亲突患急性类风湿关节炎，大病了一场。身上多处关节变形，几乎不能行走。医生说这种病的一个可能病因，是精神上受到强烈刺激。母亲哀伤地对我说："我知道为什么会得这个病，因为顾准死了……"

顾准去世后，一次他弟弟陈敏之来北京联系顾伯伯的译著出版一事，顺便来家里探望我们。当他和母亲谈起顾准的时候，我看到母亲流泪了。这是我生平第一次，也是唯一的一次见到她落泪。母亲是个内心极为刚强的女性，生活中无论遇到多大的艰难困苦，哪怕是得知自己患了绝症即将离世，都从未掉过一滴泪。

母亲与我

母亲于 1989 年 5 月被发现患了子宫中胚叶肉瘤。这是一种恶性程度极高的肿瘤，早期很容易随血液转移扩散至全身。她很快住进医院，接受了手术。可几个月后，医生告诉我母亲的病已经到了晚期，癌肿已大面积转移至肝、肺、骨。他们所能做的只是尽可能为她延长生命、减少痛苦。

我惊呆了，完全无法接受这个残酷的事实，泪水止不住地往下流。对母亲，我没有隐瞒，将病情一五一十地讲了。她当然很震惊，却出乎意料地平静，说："到底是我的好女儿，懂得我。谢谢你讲了实情，让我有比较充裕的时间安排身后之事。"我问能为她做什么？她说只希望在生命最后的这些日子里每天都见到我。从那一刻起，我每天下班后直奔医院，守在她的床前。

在我所认识的人当中，像我跟母亲这种关系并不多见。记得在兰大读书期间，她每天都给我写一封信。我功课忙，隔三差五地回一封。母亲为了提高我的写作能力，每次接到信，都用红笔在上面勾勾划划地批改，甚至指出个别错别字，然后再寄回来。班上有个负责开信箱的女同学，每天都会为我取回一封厚厚的信，信封上的落款儿为"北京张"。她跟我开玩笑说："老实坦白，这个'北京张'是你在北京交的男朋友吧？"我说："才不是呢，这是我妈。"她说："打死我也不信，哪有当妈的每天给孩子写一封信的！"

记得曾对一位"闺蜜"讲：我在这个世上最好的朋友就是母亲，我们之间无话不谈。她点点滴滴的教诲对我影响极大，深入骨髓。

眼见母亲在癌病的折磨下苦苦挣扎，一天天萎顿下去，我心如刀割！我对她讲：不能想象这个世上没有她，我还怎么活……可她却劝慰道："傻孩子，千万别这么想。这个世界离开谁，地球都照样转。"她还引用了刘禹锡的两句诗：沉舟侧畔千帆过，病树前头万木春。母亲说她感到很欣慰，三十几年来按照她的理想塑造了一个人。这个人无论是外貌还是内心都很像她，身上有她的基因，血管里淌着她的血，是她生命的延续……

在母亲最后的那些日子里，她头脑一直都十分清醒。我们每天长谈，前后持续了三个月，话题涉及方方面面。她多次提到顾伯伯，说感到非常遗憾，没能在有生之年，看到顾准那些真知灼见，为世人所了解。

今天，母亲在天之灵一定感到十分欣慰。顾准伯伯的遗著《从理想主义到经验主义》，历尽坎坷，终于在他故去18年后的1992年出版。这部著作是顾准与他的胞弟陈敏之，于1973-1974年间在通信中的学术讨论笔记。是顾伯伯冒着生命危险，撰写的一系列掷地有声的醒世篇章，凝聚了他的思想精华。学者王元化在该书的序言中说："这是近年来我所读到的一本最好的著作：作者才气横溢，见解深邃，知识渊博，令人为之折服。许多问题一经作者提出，你就再也无法摆脱掉。……它们促使你思考，促使你去反省并检验由于习惯惰性一直扎根在你头脑深处的既定看法。"

1994年，《顾准文集》在贵州出版社出版，立刻在中国掀起了一波"顾准热"。在高等院校和研究机构，人人争谈顾准。凡读过他遗作的人，无不为其字里行间所散发出来的真理之光所折服。李慎之先生称赞顾准，为中国六七十年代唯一一位像样的知识分子。诗人邵燕祥这样评价顾准著作的影响：只因他的文字变成了铅字，一代知识分子才挽回了集体名誉。

我所认识的顾准

　　顾准于 1974 年 12 月 3 日病故。屈指算来，至今已整整 50 个年头。笔者是在 1969 年 11 月，随母亲下干校的时候认识顾伯伯的。在"文革"那黑白颠倒、人妖不分的岁月里，我与他从初识、到相熟、继而成为忘年交，是一段永远不能忘怀的经历。那几年也适逢我从少年到青年的成长时期。目睹顾准伯伯对真理的执着追求，对国家、民族的热爱，对恶势力的不屑，对晚辈的谆谆教诲，再加上我跟他在思想上的直接交流，这段经历令我终生难忘。

　　我虽然是在干校期间认识顾伯伯的，可那时他是监管对象，处境极其恶劣，动辄得咎，还时不时会挨斗。所以，尽管我喜欢跟他聊天儿，但要特别小心，得趁没人的时候，而这样的机会并不多。真正受顾伯伯影响最多的时期，还是 1972 年 7 月学部从干校迁回北京之后。

　　这是我跟顾准伯伯交往最多的一个阶段。我家因下干校之前退掉了房子，被安排住在学部大院八号楼二层。顾伯伯有家不能回，也同住在这一层楼上，我们成了近邻。

　　自从"文革"开始后，顾准一直在没完没了的批斗、检查、交代、劳动中度过，没有任何私人空间，更没有搞学术研究的起码条件。而此时，人们忙着清查"五一六"，对他这种"死老虎"已经不感兴趣，放松了监管。他不仅拥有一间单独的住室，而且行动也很自由。伯伯赶紧趁这难得的机会，开始着手探索研究。

为了解答诸如"娜拉出走后怎样"（即"革命"成功后会发生什么）这类根本性问题，他给自己制定了一个庞大的研究计划—花十年功夫，对东西方历史做一个彻底的比较研究。并以此为基础，探索人类未来的发展方向。他甚至已经拟定了将要写的那本书的书名：《东西方哲学思想史》。

他的思想已日臻成熟，对即将撰写的那部学术巨著信心满满。他对母亲说："我感觉自己就像个老农，面对大片金黄色的麦浪，只等开镰收割了！"

1973年，顾准在与胞弟陈敏之的通信中，再次提出"娜拉走后怎样？"即革命取得成功，无产阶级夺取政权后，政治、经济该如何发展？会出现哪些问题？在"文革"期间，顾准这个曾两度戴上右派帽子的"反革命分子"，讨论如此"反动"的政治问题，是要冒极大政治风险的，一不留神就会引来杀身之祸。

顾伯伯为了给自己的研究打下坚实的基础，那段时间大量阅读，经常是一两天就读一本书。他读过的书可以列出一个长长的单子：《左传》、《史记》、《战国策》、《戊戌以来三十年政治史》、《基督教的建立》、《家庭、私有财产及国家起源》、《中世纪史》、《日本史》、《经验与自然》、《经济动力学》、《国外科技动态》……内容广泛涉及历史、哲学、宗教、经济、政治等诸多领域。

他研究希腊城邦制度，就是要把人类最早的雅典城邦政治，和中国传承两千多年的专制政治进行比较。他从希腊史入手，从古今中外，上下纵横的历史中，对比找出当代中国社会问题的由来，进而提出解决问题的方法。他发现民主制度后面，还有一个文化背景。希腊混合型海上文明所具有的公民意识，契约的共享性，政治的宽容性，文化的流动性等，都是中华文化的缺憾（高建国语）。

假如顾准活到今天，他固然会为改革开放后的进步感到欣慰，但也会意识到中国社会还是没有走出"反右"、"文革"的历史阴影。他所追问的"娜拉出走后怎样"这个问题依然存在，而且愈发严重了！

多年后母亲回忆与顾准之间的那些长谈。她说：顾准就像一座巍峨的高山，我虽远远达不到他那样的高度，却能完全领悟他那些高屋建瓴的思想和精辟的见解，有时甚至还能提出不同看法。要不是这样，他也不可能跟我谈那么多。

顾伯伯对很多问题都有自己的独到见解。有一次，他跟我们谈到中日关系时说："中国和日本是近邻，而且经济方面可以在很大程度上互补。中国有资源和丰富的劳动力；日本有雄厚的资金和先进技术。这两个国家要是能够合作，力量可不得了！"他还戏称自己是"亲日派"。

还有一次谈到台湾，他告诉我们："台湾经济已经起飞，正在高速发展，是真正意义的大跃进。一个小小台湾的年出口额，超过了整个中国大陆。"我那时受到的教育是："台湾人民生活在水深火热之中"、"我们一定要解放台湾"。听到如此颠覆性的描述，惊讶之极！

顾伯伯认为：将来大陆与台湾之间最终应实行"邦联制"，这是解决台湾问题唯一可行的途径。我们知道即使在今天，这一观点也跳脱了僵化的思维模式。

他曾问起我对毛泽东的看法。我说："别的不知道，单凭解放后他干的这些事，可以说好话说尽，坏事做绝。"可伯伯却说："你的看法不全面。依我看他这个人是年轻时的英才，晚年时的昏君。"接着他解释道："过去我们在解放区，有时在工作中对处理一些问题感到棘手，不知该怎么办。这时毛可能会就此事写一篇文章，或提出解决问题的意见，往往令人茅塞顿开。你想，当年那么多人跟着他闹革命，其中不乏具有真才实学的知识分子，他要是没有两下子，别人也不会服他。可惜这个人只会打天下，却不懂国家建设。"接着顾伯伯用上海话对母亲说："他这个人啊（指毛）总是搞搞好、弄弄乱，搞搞好、弄弄乱。只要一吃饱饭，就瞎折腾！"

谆谆教诲

学部从干校迁回北京时，顾伯伯的妻子汪璧去世已近五年，孩子们跟他断绝关系也有六个年头了。他自嘲是"丧家之犬"。怀念亡妻、思念儿女，这种情感无时无刻不在折磨着他。在这种情况下，我常跟他聊聊天，大概可以在一定程度上缓解他的痛苦。他把我当成晚辈，倾注了很多关爱，在学习、生活、做人等方面给予了很多指点。

那年我十九岁，还很不成熟，对伯伯的许多学术思想并不能真正理解。不过，在我心目中，他从来就不是什么"右派"、"牛鬼蛇神"，而是个极有学问的师长。我常向他请教各种问题，大到国家大事，小到个人生活，每次都能得到清晰明确的答案，绝无模棱两可。用母亲的话来形容就是"clear cut"。一次他跟母亲开玩笑说："咪咪已经把我当成她的'忏悔神父'了。"

一天，伯伯问我有没有考虑过将来做什么。我当时正自学英语，同时漫无目的地浏览各种文科书籍。那个时候还没有考大学这一说，依我的初中文凭，没敢多想。于是回答："想当小学教师。将来要是有机会，能翻译一、两本有价值的英文书，介绍给中国读者，就很知足了。"他听了已后直摇头，说："你给自己订的目标太低。有道是：'取法乎上，仅得其中。取法乎中，仅得其下。'一个人所能取得的成就，绝不可能超过当初给自己制订的目标。所以订目标时一定得高标准，然后朝着这个目标义无反顾地走下去。走到之后，再重新订一个更高的目标。人的生活要是没有目标，就没有中心，如同行尸走肉。"今天回想起这些话，虽然是对我的指点，实际上道出了他的人生观。他对自己就是这样要求的，也是这样做的。

那时的我求知欲极强，囫囵吞枣地读书。可顾伯伯却告诫我："读书不能死读。千万不要以为凡是经过铅字印刷、变成书的观点就是正确的。有些名人、伟人写的书照样有荒谬之处。读书得既钻得进去，又拔得出来。自己站得高，才能看出书中的问题。"今天读过顾准遗著的人会发现：他做学问的最大特点就是独立思考，绝不盲从于任何人。

他还提醒我说："你现在很努力，这很好。不过，作为女人一生要过两关：结婚和生孩子。多数妇女结婚后就不再搞事业了，一心扑在家里。而生孩子后仍能坚持搞事业的，更是凤毛麟角。我希望你将来能够闯过这两关。

有一段时间，我父亲来北京探亲，他也很快跟顾伯伯成了朋友。

父亲是水电部高级工程师，1969年下干校。两年后干校解散，把他发配到兰州电力修造厂。厂里指派他做翻砂工，一干就是好几年。在那些蹉跎岁月里，他念念不忘自己的专业，每次回北京探亲，都要去王府井外文书店，购买大量国外最新技术资料（影印本）。

父亲回来后，一家四口挤在一间12平方米的房子里，根本无法静下心来读书。他发现顾伯伯每天都去图书馆，就跟他商量是否能借用一下他的地方，伯伯欣然应允。于是每天早上顾伯伯去北图，父亲就到他的房间读书。晚上伯伯回来，父亲再把地方让出来。有时父亲买一些酒、肉、小菜，请顾伯伯吃，跟他谈天说地。

父亲在北京住了一个月，读了一个月书、拉了一个月计算尺。顾伯伯把这一切看在眼里，非常感慨，问我："你将来是想做父亲那样的人呢，还是做母亲那样的人？"我跟母亲很谈得来，颇受她的影响，不假思索地回答："当然是想做母亲那样的人"。可伯伯却说："我看你还是做父亲那样的人更好。他们是社会的中流砥柱，国家建设需要的正是这样的人才"。

今天，如果让我写一个名单，列出对自己人生有重大影响的人，那么排在首位的无疑是顾准。

舐犊情深

学部从干校刚一迁回北京，顾伯伯就急切盼望跟孩子们恢复联系。为此，他还特地到照相馆拍了照，加印之后附在给孩子的信中。

顾准遗物：相册

信上说："附上照片六张，是刚回北京时照的，哪一位要照片，可以给他。我现在还没有力量照顾你们，附去省下来的油票一张，表示一点心意。"下面粘贴的是一张从他自己嘴里省下来的油票。[1]

那张照片就是现在人们能看到的顾准晚年唯一一张正面照，当初却是专为孩子们拍的。那个年代北京市居民每人每月只能领到半斤油票，这点儿油一般人自己都不够吃，很难省下来送给别人。这点点滴滴的小事，渗透着他对孩子们多么深的爱啊。

那些日子顾伯伯一直期盼几个子女来看他，为此还专门准备了一套新被褥，幻想哪天孩子来了可以用上。

有一次赵人伟叔叔来八号楼找他，见他躺在床上，脸色特别难看，赶紧问是否病了？他说没有，只是听说大女儿回北京了，想见一面却见不到，心里不好受……

1　陈敏之：《送别——在顾准身边的最后一个月》，《顾准日记》附录，陈敏之、丁东编　经济
　　日报出版社，1997年

1966 年 1 月，顾伯伯被迫与妻子离婚。离开家的时候没带走任何照片，而他自己从幼年时代起拍的照片，都在"文革"初期被孩子毁了。[1]

1972 年 11 月底，顾伯伯的六弟陈敏之从上海来北京看他。他向弟弟倾诉了对亡妻和孩子们痛彻心扉的思念之苦。六弟为了排解他的苦闷，拿出自己珍藏多年的顾准全家福照，还从年近九旬的老母亲那里、从三妹陈枫那里，收集到这样一些照片：顾准五个孩子在长沙发上坐成一排的合影、二儿子高梁在内蒙插队的照片、大儿子小米（顾逸东）与奶奶（顾准母亲）的合影、大女儿稿头抱着她孩子的合影……顾伯伯看到这些照片百感交集。他亲自动手做了一本相册，还在乳白色半透明夹页处，注明这些照片拍摄的大致年份。这个相册对他来说简直是无价之宝，是他与活着或死去的亲人见面的唯一途径，他经常久久凝视着这些照片……

顾伯伯去世后，遵照他的遗嘱："请六弟选一些纪念物品，代我送给张纯音同志和她的女儿咪咪"，陈敏之伯伯将这本相册及其他一些遗物留给了母亲和我，一直珍藏至今。

顾伯伯那时每天除了读书、写笔记外，还翻译经济学著作。他在跟经济所巫宝三先生探讨经济学源流时，了解到罗宾逊夫人在西方经济学流派中的地位，于是决定翻译她的《经济论文集》。这本书内容相当艰深，译成中文绝非易事。

1　陈敏之：《送别——在顾准身边的最后一个月》,《顾准日记》附录，陈敏之、丁东编　经济日报出版社，1997 年

母亲感到不解，问道："要想了解罗宾逊夫人的经济思想，读她的书就行了，何必费那么大力气翻译过来？"顾伯伯说："我希望将来译著能出版，这样可以挣些稿费给孩子们贴补家用。母亲认为通过搞翻译挣钱不是办法。一是当时还处于文革期间，读西方经济学著作都犯忌，根本看不到这类译著出版的希望；二是当时翻译稿筹极低，每千字只有 3-10 元。母亲开玩笑说："要想指望搞翻译挣钱，只好喝西北风了。"可顾伯伯却相当执着，认为只要有朝一日译著能出版，对孩子们就不无小补。每当我们看到他埋头做翻译，书桌上堆放着厚厚的一叠译稿，都深受感动。这里包含着多么深的舐犊之情啊。

顾伯伯非常爱他的孩子，每当提起孩子，总是很激动。一次，他如数家珍地谈到几个孩子的学习，哪个考取了科大，哪个进了清华，哪个连续多少年被评为三好生……最后，他用上海话自豪地对我们说："请允许我不谦虚地说一句：我那几个孩子是'叫花子吃老鸭—只只好哇'。"

顾伯伯有时看到母亲和我非常亲密，对母亲说："真羡慕你有这样一个好女儿。你们看上去不像是母女，倒像是姐妹。"母亲说："我的教育比你成功，因为我从来不对孩子讲假话。自从咪咪懂事后，我把自己对各种事物的真实看法讲给她听。从镇压反革命到公私合营，从反右到大跃进、人民公社，直至文化大革命。我不仅把她当作孩子，还当作好朋友；而你过去只跟夫人讲真心话。在子女面前，两个人却统一口径，一律'正面教育'。让他们'听党的话，坚定不移地跟党走'。他们看到你多年来为'党'所不容，视为异己，怎能接受这个现实？又怎能不背离你而去？恕我直言，你跟几个孩子的关系发展到今天，自己也要负一部分责任。"伯伯听了这番话陷入沉思，无言以对……

现在看来，他当时那样做恐怕有难言之隐。作为多次挨整的人，对子女讲真心话要冒很大的风险。为了安全起见，只能心里想一套，嘴里说一套。这样的教育，再加上社会上强大的宣传攻势，孩子们对他产生误解也就在所难免了。笔者认为，顾准的家庭悲剧是那个时代造成的，他们全家每个人都深受其害。正如他所说："是整个时代使然。"

春蚕到死丝方尽

我认识顾准伯伯的时候，他的妻子汪璧（原名：方采秀）已自杀身亡一年多。自那之后，跟他相处日子里，经常能感受到他对亡妻深深的怀念。近日笔者重读顾准《息县日记》，看到里面有如下哀伤的记述：

1944年在延安，我为父亲服丧。这一回，我不服丧，因为我为秀服丧是终身的。……我至少还要活二十年，三十五年的记忆，至少在我心里还要活二十年。

这些"家务活动"，过去是写信给秀的资料，现在则"便纵有千种风情，待与何人说"？旬日，梦寐中曾痛哭失声，醒来强自抑制，犹留呜咽……

"孤老头子"的凄凉感触愈来愈深，怀念孩子，怀念死去的采秀。

日子就是这样过下去了。心情宁静，只是昨晚梦见采秀，又哭醒一次……

……要在任何环境下继续观察思考和研究。自暴自弃，何以对死者？——秀永离尘世之际，究竟是怨恨我还是对我有所希望，也许我永远不能知道的了。然而秀实实在在为我而死，我若不能有所作为，我的生命还有什么价值？

这些日记片段，犹如《长恨歌》中所唱："天长地久有时尽，此恨绵绵无绝期。"

一次伯伯跟我们聊天，不知怎么就说到人生的三大不幸：幼年丧父、中年丧偶、晚年丧子。这时，他陷入沉思。过了好一会儿，才缓缓地说："可我体会，晚年丧偶也是不得了哇！"

他的房间里有两张拼在一起的书桌，当中摆放一只翠绿色玻璃罩的双头台灯。我感到好奇，问伯伯为什么一个人做学问，却要用双头台灯。他说："我是有意选这只灯的，因为过去在家里和妻子汪璧在一起的时候，就是这样摆放桌子，用的就是这种灯。现在坐在桌前，看到这只灯，就会感觉汪璧仿佛坐在对面，和我一起读书。"

听骆耕漠伯伯讲，有一次他请顾伯伯去莫斯科餐厅吃饭。没想到去晚了，已经客满，他们败兴而归。在回来的路上，顾伯伯建议不乘车，一起散散步，于是两人往回走。可顾伯伯并没有走途径钓鱼台那条大马路，而是慢慢地走进了百万庄住宅小区，径直走到他过去住的那栋楼前，抬起头默默注视着楼上的窗子。骆伯伯这才意识到他在怀念已故的妻子，只好劝道："事情都已经过去了，就不要再想了"。说罢拉着他离开了那栋楼。

手足情

顾准的母亲一共生了 10 个孩子，他排行第五。在兄弟姐妹当中，他跟六弟陈敏之感情最好。

"文革"开始后，兄弟二人同时受难，分别在北京、上海遭到隔离审查，从此音信皆无。1972 年 7 月，学部从干校迁回北京。陈敏之得到消息后，便迫不及待地赶到北京探望。

阔别十年的兄弟终于重逢。劫后余生，万分激动！两天后，顾伯伯请六弟到前门全聚德吃饭。当晚他跟母亲说："今天去吃烤鸭，可是露了怯。我俩几乎没怎么吃东西，在饭桌旁抱头痛哭，弄得周围的人面面相觑，不知出了什么事。"

顾准（左）与陈敏之（右）在北京中山公园（摄于1972年12月）

后来他们之间的谈话，不愿再触及那些伤心往事。顾伯伯建议六弟多读一些史书，特别是西方史。他说："中国人对自己国家朝代的更迭、嬗变，总是知道一些梗概。但是你如果不懂西方历史，也就很难真正懂马克思主义。"

陈敏之回到上海后，他们兄弟俩开始鸿雁传书，直到顾伯伯去世。"其热烈程度，简直就像一对热恋中的情人。"（陈敏之语）似乎有一种默契，彼此收到信后，都毫不耽搁地立即回复。这些信件的内容，没有亲人间的家常琐事，而是对一些彼此都感兴趣的历史或现实问题的认真讨论，其中不乏六弟向五哥的求教。

1973—1974 年间，应六弟的请求，顾准伯伯将他多年来对一些问题的思考，加之那段时间的读书心得，写出一系列笔记形式的论文：《资本主义的原始积累和资本主义发展》、《希腊思想、基督教和中国史官文化》、《科学与民主》、《民主与"终极目的"》……他将这些文章陆续寄给了六弟。

对于"娜拉出走后怎样？"这个问题，顾准明确提出了自己的看法，即：革命胜利以后只能实行民主政治，走议会道路，实行两党轮流执政。对此他坚信不疑。他说：

> 我不主张半开门，我主张完全的民主。因为科学精神要求这种民主。

顾准不认为人类有终极目的，即建立一个所谓至善的"天国"。他在《民主与终极目的》一文中说：

> 革命的目的，是要在地上建立天国—建立一个没有异化、没有矛盾的社会。我对这个问题琢磨了很久，我的结论是：地上不可能建立天国，天国是彻底的幻想；矛盾永远存在。所以，没有什么终极目的，有的，只是进步。

革命者本身最初往往是民主主义者。可是，如果革命者树立了一个终极目的，而且内心里相信这个终极目的，那么，他就不惜为了实现这个目的，而牺牲民主，实行专政。斯大林是残暴的，不过，也许他之残暴，并不100%是为了个人权力，而是相信这是为了大众福利、终极目的而不得不如此办。内心为善而实际上做了恶行，这是可悲的。

这些充满智慧与心血的文字，凝聚了顾准思想的精华。文章中很多内容涉及到极其敏感的问题，在"文革"那个黑暗的历史时期，一旦被发现，很可能惹来杀身之祸。感谢陈敏之伯伯，冒着生命危险将顾准的这些笔记式论文保存下来，之后又历尽千辛万苦，于1992年在香港结集出版。

学者王元化为这本文集写了序，并与陈敏之一起商量拟定了该书的书名《从理想主义到经验主义》，它概括了顾准一生思想演变的过程。正如陈敏之所说：从理想主义到经验主义，大体体现了本书各篇蕴含着的主要精神和思想，也如实描绘了作者一生所走过来的道路。

书出版后，陈敏之伯伯极为兴奋，马上寄给我一本，并在扉页上题字。

笔者第一次见到陈敏之伯伯是在1974年春，那时我患慢性肝炎在北京养病，久治不愈的肝病把我搅得心烦意乱。母亲让我去上海散散心，顺便探望外婆。临行之前，顾准伯伯托我带一封信给他的六弟陈敏之。信送到后，第二天陈伯伯和他夫人林樱初就来找我，一定要请我去他家吃饭，说顾伯伯在信中讲："这个小姑娘和她母亲这些年

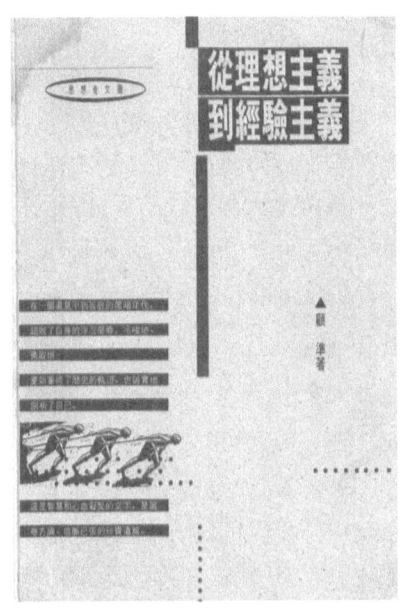
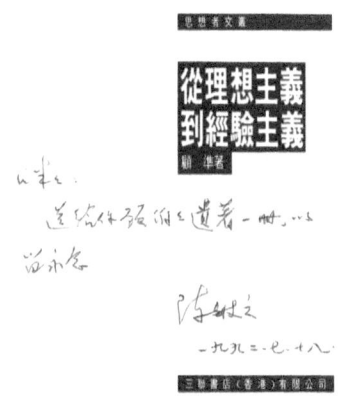

顾准著作《从理想主义到经验主义》

来对我很照顾。我客居此地，无法答谢，请你代我好好招待一下她"。

那天晚上他们夫妇竟为我一个人准备了一大桌菜。我生平第一次被人如此盛情款待，感动得不知所措。陈伯伯端起酒杯说："咪咪，我要谢谢你，也谢谢你母亲，这些年来给予五哥这么多关照。"

1974 年夏，我的病略有好转，返回兰州工作。陈敏之伯伯这时再次去北京，在顾伯伯那儿住了几天。不久之后，我在兰州收到了顾伯伯的信，里面谈到：

说说我这次"招待亲人"的感受。说实话，这是十年来第一次。我们在一起住了六天，六天后他移住我妹妹那里去陪陪老母

徐二开

徐方同志：　徐方廿三日的信转给我，读过以后，对由于你们二位对我的事，对我如此盛情，简直不知怎么回才好了。他们你们那里，料想会淹你们的……陆是招待异常困难的，这是他的事。我在这里，是极小的不了兰州，也无缘遇到他去的机会，写这封信，表示一下我的感激，因为你们的盛情是对二个人的，我虽然脱身没，我们也并不是没有的。

　　感谢之余，也还得说说我这次"招待亲人"的感受。说实话，这是十年来第一次。我们在一起住了六天，六天以后他移住你妹妹那里去陆……老母亲，她们也……每天来我这里。但此这一次我竟如得以过了足足二个星期的幸福生活，对我来说，这简直……信是异常的奢侈了。当我在过这二星期幸福生活的时候，我珍视这个现在。他去了，这一段生活也就过去了，以在未回忆……这段生活，还是幸福的，这也就够了。

　　我十分高兴知道徐方同志的抓线、徐琴、英语、和三大听课，真的是生气蓬勃。我们老人很羡慕这种黄金时代的生活，可是我们只时波浪黄金时代的人，我们自己竟竟衰老了——是极我现在也玉不世落后……

　　没的这里吧。再一次深地表示我的感激之情。

　　　况

才

　　　　　　　　　　顾准
　　　　　　　　　　1974年9月廿七日

顾准于1974年9月27日至徐方（作者）的信

亲，然而也还每天来我这里。所以，这一次我竟然得以过了足足二个星期的幸福生活，对我来说，这简直已经是异常的奢侈了。当然在过这二星期幸福生活的时候，我珍视这个"现在"。他走了，这一段生活也就过去了，以后来回忆这段生活，还是幸福的，这也就够了。

读到这些，我心里阵阵酸楚，顾伯伯实在太渴望亲情了……

陈敏之伯伯离开北京后，又去了银川、兰州、西安等地。他到兰州就住在我家，我和父亲招待他吃饭，并陪他游览当地名胜古迹。

我在给母亲的信中讲了这些情况，顾伯伯很快就写来一封信，表示感谢。信中说：

> 徐工并徐方同志：徐方二十三日的信转给我，读过之后，对于你们二位对我的弟弟，对我如此盛情，简直不知怎么办才好了。他到你们那里，料想会被你们的隆重接待弄得团团转，这是他的事。我在这里，虽然到不了兰州，也必须趁他去的机会，写这封信，表示一下我的感激，因为你们的盛情是对二个人的，我虽未能身受，我自然并不是没有分的。

在这之后仅仅过了一个多月，顾准就被查出患了晚期肺癌，病情急剧恶化。当得知自己已来日无多，他立下遗嘱。其中交代："遗稿（一）有关希腊史部分交给吴敬琏同志；（二）其他部分均由六弟全权处理。"

陈敏之伯伯接下这沉甸甸的遗稿，心急如焚。他深知顾准学术思想的价值，曾引用鲁迅的一段话来形容自己当时的心情："一个人如果还有友情，那么，收存亡友的遗文真如捏着一团火，常更觉得寝食不安，给它企图流布的。"他说："我手里捏着的不仅是一团火，而是一团熊熊烈火。"[1]

陈伯伯没有辜负五哥生前的重托，他为顾准遗著的出版，四处奔波。在历尽坎坷的 18 年后，终于使《从理想主义到经验主义》一书与读者见面。

1994 年，《顾准文集》面世，一时洛阳纸贵，人们争相传阅，避免了一代思想家湮灭在历史长河中。著名学者李慎之读了《顾准文集》，称顾准为"点燃自己照破黑暗的人"。他说：真要感谢敏之先生，使顾准在那个被彻底孤立的年月里，还能有一个对话者，因而给我们留下这 10 多万字的精金美玉般的文章。

生活中的顾准

顾伯伯外表看上去比较高傲，内心实际上是个极重感情的人。他脾气有点儿倔，不了解的人会感到难以接近。

他在生活中不修边幅，经常戴一顶藏青色呢子帽，日子一久帽檐开了线，从一侧耷拉下来，他也不缝。后来干脆将帽檐扯下来，就戴

1　陈敏之《从诗到散文——＜从理想主义到经验主义＞出版追记》，《顾准文集》附录一，贵州出版社，1994 年

那顶无檐帽。母亲看了还开玩笑说挺好，像是西方人戴的贝雷帽。后来"贝雷帽"里面的白色衬里也开线了，他又将衬里拆下来，戴在头上，看上去像个穆斯林，有几分滑稽。他就是这样我行我素，不在乎别人怎么看。

顾伯伯平时抽烟抽得特别凶，一支接一支。而他又非常节俭，老是买那种八分钱一包的劣质烟。据说这种烟的尼古丁含量很高，特别伤肺。我劝他戒烟，可他却说："我这个人早熟，从十几岁就开始吸烟，几十年下来烟瘾变得很大，读书、思考的时候全靠吸烟来集中精神。虽说理性上知道吸烟对身体有害，也多次尝试过戒掉，结果都失败了。"

顾准是个孝子，对他母亲有着深厚的感情。然而，在他生命的最后两年，与同在北京已年过九旬的老母亲却至死不得相见，留下无法弥补的遗憾。当时老人住在他七妹家，位于长安街南侧的公安部大院。而我们住的学部大院就在长安街北侧，只有一街之隔。在柏林墙已经倒塌、海峡两岸都能正常交往的今天，这种情况难以想象。然而对于当年的顾准母子来说，却是残酷的现实。顾伯伯悲哀地称其为"咫尺天涯"。

我母亲对这有悖常理的状况感到不解，说："你妹夫施义之是公安部常任副部长，他对你境遇的改善，应该多少能起点作用吧？你跟老母亲见面这点事怎么就这么难？"伯伯长叹一声："看来你对我家的情况一点儿也不了解，他（指施义之）也是坐在火山口上啊！（指处于政治斗争中心）"顾伯伯为了不使亲人为难，为了不给他们惹来麻烦，强忍母子分别之苦，不去打扰妹妹、妹夫一家。

左起：陈敏之，顾准母亲顾庆莲，陈敏之夫人林樱初

顾伯伯在谈天中，有时会回忆起过去的一些经历。

他说："我十二岁那年，因家里生活困难，不得已中断学业，到潘序伦创办的上海立信会计师事务所当练习生。说是"练习"，实际上净干些端茶倒水、甚至给老板倒夜壶这类粗活。我边干边自学会计业务。潘序伦这个人唯才是举，发现我是块料，不拘泥学历、年龄等条件，大胆提拔并以重任。他让我边在事务所办的夜校里教书，边帮他著书立说，写了《中国政府会计制度》《各业会计制度》等整套大学会计学教科书。仅仅过了7年，我就从练习生升任为立信会计师事务所编译科主任。潘序伦对于我从事共产党地下工作心知肚明，选择睁一只眼闭一只眼，任我在地下组织和事务所之间游走。我与他之间是'共生关系'。他为我做地下工作提供掩护；同时又在会计专业上既盘剥我的名，又剥削我的利。我写的会计教科书中，有几本除了署我的名，还加上了他的名字，如《政府会计》《会计名词汇译》等；有的干脆只署名潘序伦，如《高级商业簿记教科书》《股份有限公司会计》等。有一次他差我去出版社取版税，我才知道那几本书的版税已高达天文数字！"

潘序伦晚年在给顾准的一封信中这样写道："回忆我等共事之初，我弟方幼年，我已壮年，今我已暮年，我弟亦垂垂老矣。我弟之才，

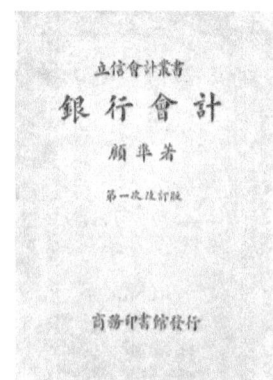

左：顾准会计学代表作《银行会计》

右：潘序伦（左）与顾准（右）

十倍于我"[1]

潘序伦实在太喜欢顾准了。有一次甚至向他流露，想把立信会计学校交给他继承。然而顾准却婉拒了，那时他心里想的只有革命。

顾伯伯还说："1940年，我边在上海立信会计师事务所著书立说，边在圣约翰、之江等几所大学任教授。这些收入合在一起，每月已经能挣到300多块大洋。那年我才25岁。可是为革命理想，舍弃了这一切，徒步走到苏北参加新四军。顾伯伯接下来问我母亲："你知道在30年代，300多大洋是什么概念吗？"母亲说："我当然知道。那时我家雇个佣人，每月只要两块大洋；请个黄包车夫拉包月，每月也只须付两块大洋，300多大洋在当时已经非常阔了！"

他还讲过这样一件往事：刚解放时进驻上海，组织上分配一座小洋楼给他住。房主是个大资本家，解放前夕携全家逃走。他看到房子

---

1 顾准《顾准自述》，中国青年出版社，2002年

里有全套高级家具，感觉不妥，认为应当上交。他母亲多年来一直过苦日子，不同意交。做为孝子，他心里很矛盾。为了说服母亲，甚至跪下了，解释道：组织上分配的只是住房，并不包括这些家具。最后，在他的坚持下，还是叫人把家具拉走了。走笔至此，不禁感慨万分。顾伯伯当年的清廉与现在这些贪官污吏的所作所为，简直有天壤之别。

他曾以开玩笑的口吻跟我说："你知道解放初期我是做什么的吗？我专干那敲骨吸髓的勾当。我是上海税务局局长，专跟有钱人过不去，上海和平饭店就是靠我收税收来的。那个犹太人老板沙逊实在交不起重税，只好以和平饭店抵账。为了收税，当时得罪了不少人。有一次收到一封恐吓信，里面装着两颗子弹。信上说：'你再这样干下去，小心自己的脑袋！'为了安全起见，组织上给我配了一把手枪，还有两个警卫员，整天跟在身后。那个时候我们真是一心为公，每天工作十几个小时。"

我们知道，顾准年轻时信仰马克思主义。为此，他抛弃优渥的物质生活，不顾一切参加革命。1949 年，共产党夺取政权，那时的他认为剥夺资本家的财产理所应当，种种极端做法也就不足为奇了。然而，此后国家出现了一系列严重问题，各种政治运动不断，特别是1957 年他本人被打成右派，继而不断挨整。这一切促使他思考，重新审视自己年轻时的信仰，进而彻底否定马克思主义。能做到这点极为不易。

还有一次，顾伯伯跟我们谈起，1952 年他被以莫须有的罪名遭到撤职。整他的那个"上峰"实际上是时任财政部长、华北局第一书记薄一波。在此之前，顾准曾就如何征税的问题，与薄一波的看法发生分歧。为了辨清孰是孰非，顾准拍着桌子与薄争吵。薄一波坚持沿用解放区的"自报公议、民主评议"之方法进行征税；而顾准则认为上海不同于小城市，不能纯靠纳税户民主评议。上海大部分工商业主都有账册可查，应当依法纳税，即所谓"依率稽征，专管查账，职工协税"。顾准的意见很快就得到陈毅市长首肯；1951年陈云也曾在一次中央会议上表态："顾准的税收方法意见是对的"。然而就是这个薄一波，一方面肯定顾准的工作能力，还在华北局的干部会议上说过："像顾准这样的干部，我们这个大区内一个都找不到"；可同时又很讨厌顾准的抗上和不服管。他在华北局负责人会议上说："顾准再不听话，就让他没饭吃！"结果1952年3月4日，上海《解放日报》头版头条刊文称：市委财政经济委员会委员顾准，一贯地存在着严重的个人英雄主义，自以为是，目无组织，……决定予以撤职处分，并令其深刻反省。至于其华东军政委员会财政部副部长、上海市人民政府财政经济委员会副主任、财政局局长和税务局局长等职，建议有关方面一并撤除。

当谈到蒙冤的问题时，他哀叹："这个国家没有法，我是申诉无门啊！"

诀 别

1974年5月下旬，我的肝病略有好转，决定返回兰州工作。临走那天，去顾伯伯那儿辞行。聊了一会儿，又谈到他戒烟的话题。这

徐方同志: 时间过得真快, 咱们分别又好二十天了。听
说你俩要去世在休心过"修造"生活, 我确实相信, 你们"修
造"修造完一二年, 二三年, 心平的面貌将完全变化。我
希望我还有机会再次见到, 与与上一次见面截然不同的
好姑娘。

　　你关心我的健康, 我似乎有责任说说最近的状况。
"低烧"又发现了几次, 连续去检查数回, 因在逐步排除
不确实的了解的病因, 也许最后结论是暂时的生理混乱
而非病变。　我很有信心对付它, 我还得工作下去。烟
确实戒了, 就从你动身那一天停止抽烟起, 现在已经二十天
了。这一回, 大概完不致于再犯了。　因为, 我的戒烟虽曾
经教动你"戒苦眠药", 我继续抽下去实在也太难为情了。

　　听说上海之行又给你惹起一些烦恼。烦恼也许
是免不了的, 不过不必过多介意, 也改天就把它忘了吧。
既然身在修造院, 就一心一意地修造吧。

　　　　祝你
　　幸福

　　　　　　　　　　　　　顾准
　　　　　　　　　　　　　　六月十五日

　　请你我向你爸爸问候

顾准于1974年6月15日至徐方信

回我用了激将法，说："你要是能戒烟的话，我就戒安眠药。"当时我患有严重的神经衰弱，每天必须服用大剂量安眠药才能入睡。顾伯伯对此非常忧虑，常劝我一定得停药，至少要减少用量。他说："你这么年轻就大把地吃安眠药，形成药物依赖，将来可怎么办呀！"所以我一说"戒安眠药"，他马上就听进去了。思索片刻，把手里正燃着的那支香烟往烟灰缸里一捻，说："好吧，这是最后一支。"我非常惊讶，没想到他真下决心戒烟，心里别提多高兴了。

回到兰州后，我在信中询问他的近况。他回信说：

你关心我的健康，我似乎有责任说说最近的状况。"低烧"又发现了几次，连续去检查几回，正在排除不确实的可能的病因，也许最后结论是暂时的生理混乱而非病变。我很有信心对付它，我还得工作下去。烟确实戒了，就从你动身那一天停止抽烟起，现在已经二十天了。这一回，大概不至于再犯了。因为，我的戒烟居然曾经鼓励你"戒"安眠药，我继续抽下去实在也太难为情了。

那段时间，我常和顾伯伯通信。我在信中告诉他，打算两耳不闻窗外事，专心致志地读书。为了有个良好的学习环境，我主动要求管理乐器仓库，这样就有了一个独立的空间，可以当作书房，还将其戏称为"修道院"。

他在回信中说：

徐方同志，时间过得真快，咱们分别又将二十天了。听说你

陈敏之于1974年11月23日代顾准至徐方信

回兰州后，决心过"修道院"生活。我确实相信，你"修道"修这么一二年，二三年，你的面貌将完全变化。我希望我还有机会每次见到一个与上一次见面截然不同的好姑娘。

我十分高兴知道徐方同志的排练、练琴、英语，和兰大听课，真是生气蓬勃。我们老人羡慕这种黄金时代的生活，可是我们只能祝福黄金时代的人，我们自己究竟衰老了——虽然我现在也还不甘落后……

一天，我接到母亲的信，满心喜悦，可看到的竟是这样的内容："告诉你一个非常不幸的消息：顾伯伯被诊断为晚期肺癌，医生已宣告无能为力……"犹如五雷轰顶，我脑子里一片空白，倒在床上嚎啕大哭。上帝啊，你为什么这样不公平？！伯伯这些年来历尽磨难、家破人亡。现在好容易有了一个相对安稳的环境，可以从事探索研究，把经过多年思考、日臻成熟的思想写出来，你却要夺去他的生命！

我恨不得插翅飞回北京去看他，可是……万般无奈，只好给他写信。以下是我写给他最后一封信的片断：

> 刚刚收到妈妈的信，获悉你病重的消息，真是悲痛万分！我实在无法用语言来形容此时此刻的心情。我不能失掉你，你是我的启蒙老师。是你教给我怎样做一个高尚的人，纯洁的人，一个对人类有所贡献的人……
>
> 几年来我们在一起的那些日子像电影一样在我眼前出现。东岳的月光下你告诉我要像小孩捡石子一样为自己收集知识财富，从那时起我才下了活一生学习一生的决心。你对我讲一个人在任何时候都要为自己寻找一个目标去奋斗，否则你的生活就没有中心。在这一点上你就是这样做的，你对我起了以身作则的作用……
>
> 听说你的孩子还是不肯来看你，我想你也不必过于为此伤心。我就是你的亲女儿。尽管不是亲生的，难道我还不能代替他们吗？
>
> 我知道泪水是救不了你的，只有用我今后的努力和实际行动来实现你在我身上寄托的希望，这样才是对你最大的安慰。

信寄出后，我每天怀着焦急的心情默默祈祷："伯伯，你可一定要挺住啊！明年春天全国文艺调演，到那时就能见到你了。"

几天后，收到陈敏之伯伯代顾伯伯写的一封信，摘录如下：

顾伯伯看了你的信，感动得流泪了。我是噙着泪才读完你的信的。如果说人世间还有什么真正真挚的感情存在的话，那么，你对顾伯伯的感情就是属于这种感情。我相信，他将因为有你对他这种真挚的感情而感到安慰，感到满足。他一定会得到鼓励，获得勇气。

我到这里已经第二十天了，一直护理着他。他曾对我说过，他唯一感到遗憾的是：一事无成。他还说，如果丧失了工作能力，活着就没有意义，因为人活着就是为了工作的。他并不怕死，怕的是不能重新获得工作能力。我曾对他说，你一生是倔脾气，对疾病也要倔到底，斗到底。如果生命的终结真的是无可避免的话，也要高高兴兴、快快活活，勇敢地迎接未来可能的一切。我还劝慰过他，即使活着能多看看这个世界也是好的。我们（包括我、你和所有关心他的人）大家都希望他能用他顽强的意志力量战胜病魔，重新获得健康。我和所有爱他和关心他的朋友（其中也有你妈妈）正在尽一切努力使他的生命能延续下去，而且恢复工作能力。

不要悲痛，悲痛救不了什么。我希望你鼓励自己，也鼓励顾伯伯。我相信你对他的鼓励，将会成为他的一种精神支柱，更有勇气从病魔手中夺回自己的生命。

可是，传来的消息却越来越坏。几天后，我不得不接受这样一个残酷的事实：顾伯伯于 12 月 3 日凌晨病故。

顾准伯伯就这样永远离我们而去。对于母亲和我来说，失去了一位极其难得的良师益友，为此痛心不已……

自从认识顾伯伯到他去世一共五年。在这五年当中，我的很多进步都渗透着他的心血。1977年底，当我捧着"文革"后第一次恢复高考的录取通知书时，眼睛被泪水模糊了。我深知要是没有当年顾伯伯的引导，不可能取得这样好的成绩。遗憾的是，他却没有看到这一天。伯伯若地下有知，当含笑九泉吧？

陈敏之在顾准去世两个月后写的悼念文章。

深切的关怀和劝慰。少甫还终于正十一月底请接他的女儿去上海并拜于为名专程去北京探视五哥，这时五哥已处于弥危状态，但神志还十分清醒。十二月一日上午，我陪同少甫和他同案师高心谷医院探望五哥时，五哥对少甫说：千思郡家，向我争别，这时离开五哥的这个人同永远争别不过不到两秒钟的时间。

进社数平八个成员中，我谊谊港渤季笑来回为自己有用，不能长途旅行，想去京回来后，还有沈钏平，正好从上海退回银川，途经北京，十二月一日下午借其展展一起去医院，终并证临终前见到了一面。

这里且当特别记述下来的还有纯会同志和她的女儿咪咪（谷羽，五哥五嫂曾告诉我说：一九六卯十一月经济所从北京撤出河南息县时，他（五哥）正处病痢裂鹚五级（证明）去世已经一年多，胸头（彬林，五哥长次）抵地扣五哥会丸，不仅兑情机上受到最严重打击的问就，还兑生活上遭用管制时讲。就是证样情况下，纯会同志和她的女儿咪咪（那时还只十五岁）给予五哥最难得的关心和照顾，咪咪常前前地送一些粉之类的东西给五哥，咪咪对五哥的同情和照情仿乎固替对五哥的理解和关怀与时俱增，以五哥是于她心是中最钦佩的一个人，显但五哥只此处烟起的二十平志远道路中所遇到前同前有限的前者千人中比提起来认认为的，但是有谁能说出这种谊情不应视今人与人之间的关系中平显前值得珍贵的真摰的情谊呢？下面见她证献齐五哥弥危以后给五哥信中几段：

"两前收到珦纳的信，侯着你帮翁翁的消息，其是愁痛万分！我兑征无法向语言来形容我说讲时此刻的心情，很不能来探你，你是我的后师（彬）老师，无你教给我怎样做一个高尚的人，纯洁的人，一个对人类有所供（贡）献的人。……

——9——

"几乎来，我们在一起的那些日子都电彩一样证现眼前出现，来岳（报：河南息县所局）的月光下你曾诉我采聚小狄拾石子一样为自己收集知识储留，从那时想我才下了活一生学习一生的决心，你对我讲一个人征任何时该都要为自己哥一个目标，即使明知这个目标达目欲其（来）（得）人间，也要向着这个目标去争斗，否则你生活就没有中心，还这一点上你就是这样做的，你对我起了以身徵（作）则的作……

"所说的孩子还是不肯（肯）来看你，我想你也不必过于为此伤心，我就是你的来女儿。尽管不是来征同，难道就还不能代替他们吗？！

"我知道洲水此救不了你吗，只有用我今后的努力和买际行动来买现你征我身上寄托的希望，这样才是对你最大的安慰"。（一九七四年十一月十八日）

五哥讲了这信，沉淞了。我也足讲居着哽哽沓前诵读完这信时。

隔情决不会平自无故地产生的，究竟是什么魅力便这征孩对五哥产生了这么深厚的感情的呢？如果承认隔情的深度元和理解的深度成正比的，那来，这个仅仅二十岁的那来来欲的女孩子为五哥的熊斗，买征处远那些自以为正用到以为革命，其实和之完全设辰展一般就俗见解的人所能比拟的。

对于经济所以及所有关心五哥的同志和朋友，其中尤其此援纯会、江明、吴敏珰等几位，他们有的帮我守护五哥弥留身边，有的帮助做些理五哥的遗稿遗书以及料理身后的事宜，我再次状亦自哀的感谢，我深深地道，当时五哥的处境和他们中间有些人的当时的困难处境，因此，对于他们的这种真挚的关心和帮助，很定永远铭记不忘。

——10——

3
第三部分

往事追忆

经济所"三家村"

　　提到"三家村"，经历过"文革"的人都知道，是指邓拓、吴晗、廖沫沙这三个人。本文所说的"三家村"，讲的是上世纪 50 年代，中国科学院经济研究所三位著名经济学家：孙冶方、骆耕漠、顾准。他们三个人的共同点在于，青年时代就接受了马克思主义，奋不顾身地参加革命，是如假包换的老革命；而他们的后半生又都致力于学术研究，并对当初所信仰的马克思主义，在不同程度上产生了怀疑。或对其作出修正，或干脆完全否定。

　　我母亲张纯音跟这三个人都是非常要好的朋友。由于母亲特别疼爱我，走到哪儿带到哪儿，故我与他们也有很多交往。

　　1956 年，母亲经郑振铎推荐，到经济所搞研究工作。当时的所长是孙冶方。听母亲讲：我小时候第一次见到孙冶方，是在 1956 年。金秋 10 月，北京展览馆举办首届日本工业展览会。那天经济所组织大家参观，母亲带上了我。展会上给人印象最深的是一部机器，每当参观者从前面走过，就能在旁边的显示器里看到自己的影像，简直比魔术还神奇。现在想来，那应该是日本新研发的摄像机。我因年纪小、个子矮，除了能听到人们发出的阵阵惊叹声，什么也看不见。孙伯伯见我急得跳脚，赶忙把我抱起来，举得高高的。那一刻我在显示器上看到"高人一头"的自己，别提多高兴了！孙冶方一生无儿无女，而他又特别喜欢孩子，所以对朋友的孩子格外好。

经济学家骆耕漠

孙冶方从 1955 年开始担任中国科学院经济研究所所长。他为人谦和、广纳贤才，使经济所汇聚了一批全国最优秀的经济学家，其中就包括顾准和骆耕漠。

"三家村"中的第二位是骆耕漠。他是中国著名马克思主义经济学家，生于 1908 年，只有高小学历，是典型的自学成才者，这点跟顾准完全相同。1927 年初，他偶然在杭州街头看到北伐军招考宣传员的公告，便毅然决定报考，结果以优异的成绩被录取。也就是在这一年，他接触到进步思想，加入了中国共产党。此后在浙江、皖南等地从事地下抗日工作，对抗日根据地的经济建设和部队后勤保障作出实证研究分析，并担任中共浙江省委统战委员、中共东南局文化工作委员会委员等职。

新中国成立后，被陈云赞为"中国第一把铁算盘"的骆耕漠，于1953 年从华东财委副主任的职位被上调到北京，任国家计委成本物价局局长、计委委员。次年，骆耕漠升任国家计委副主任，是妥妥的一枚共产党高级干部。

1955 年，骆耕漠受到"潘汉年、扬帆集团"案牵连，被怀疑曾与扬帆联合"通敌"。五十年代中期，极左路线开始抬头，骆耕漠和扬帆很难自证清白。为此，骆耕漠于 1958 年遭贬职后，调到科学院经济研究所。除做学术研究外，他还担任中国科学院哲学社会科学部学部委员。

骆耕漠到经济所后，任政治经济学组组长，而我母亲就是这个组的成员之一。当时还没有研究生制度，不过组织上请骆老指导我母亲，故他实际上是我母亲的老师。

骆耕漠对我母亲来说亦师亦友。他在学术研究上锲而不舍的精神，待人真挚诚恳的态度，都深深影响了我母亲。他们共同经历了包括"文革"在内的多次政治运动，还一起下放到河南干校。

记得刚下干校那会儿，一天夜晚刚下过小雨，母亲开完会往宿舍走。这时，她看到骆耕漠被困在遍布积水的泥路上。他患有严重的青光眼，几近失明。东岳是粘土地，一到雨天道路就变得异常泥泞。正所谓"下雨一泡脓。"骆老穿的是雨鞋，一脚踩到泥水里，抬腿时脚出来了，鞋却粘在地上。如果换了别人，可以自己把鞋子拔出来。可骆老眼睛看不见，根本找不到鞋，在泥水中不知已经站了多久，却无人相助。母亲见状，赶紧上前，帮他把鞋子从泥水中捞出，套在脚上。她知道骆老视力极差，只剩下微弱的光感，告诉他下过雨的夜晚千万别往亮处踩。因为亮处都是水，之所以发亮，是因为反射了月光。

干校期间，骆老跌入人生谷底，被打成叛徒、特务、反革命修正主义分子，遭到彻底孤立。就是在这种情况下，我母亲不避嫌疑，处处关照这位恩师，还趁没人的时候悄悄安慰他："我相信你的为人，

左起：张纯音，唐翠英（骆耕漠夫人），骆耕漠（摄于1980年代）

相信你不是坏人，绝不可能是叛徒、特务，你可一定要挺住啊！"

九十年代初，骆老在接受《顾准全传》作者高建国的采访谈到这件事时，老泪纵横。他说："当时我被整得昏天黑地，连自己都不相信自己是好人了。张纯音的这番话，对我是多大的安慰呀！"[1]

粉碎"四人帮"后，骆耕漠获得彻底平反。他笔耕不辍，在双目几近失明的情况下，依然坚持每天靠录音机写作6小时。在"三家村"当中，骆老对《资本论》吃得最透。他认为应严格按照马克思在《资本论》中关于"只有独立的互不依赖的私人劳动产品，才能当作商品互相对待"；"在单一社会主义全民所有制条件下，只有产品交换，

---

1 高建国《拆下肋骨当火把——顾准全传》，上海文艺出版社，1999年

没有商品交换，不存在政治经济学意义上的商品。"

改革开放后，尤其是 1981 年提出"社会主义初级阶段"理论，骆耕漠深入研究了社会主义初级阶段的经济关系，对自己过去的某些观点作了反思。他认为我们现在所处的社会主义初级阶段，并不是经典作家所说共产主义两阶段中的社会主义阶段，而是一个极漫长极其复杂的阶段。由于多种所有制并存，也存在商品关系，是过渡性商品经济。[1]

上世纪七十年代后期，国家实行改革开放政策。骆老意识到不懂外语，视野会受到很大局限，于是请我母亲给正在读高中的儿子骆一禾补习英语，直到他考进北大。

每逢有人请骆耕漠写自传，他都让来者找张纯音，因为这位弟子对他的生平和学术思想了如指掌。以至有朋友开玩笑说："张纯音是骆耕漠传记专家。"

"三家村"中的第三位就是顾准。顾准与孙冶方是非常要好的朋友。他们之间的友谊，可以追溯到抗战期间。1939 年，顾准从江苏省职委调至文委，与孙冶方曾经在一起工作。顾准 1952 年遭到贬职后，于 1956 年应当时的中国科学院院长张劲夫邀请，调到中科院自然资源综合考察委员会（简称综考会）工作，同时在经济研究所搞研究。

上世纪 50 年代中期至 60 年代初期，中国经济学界对社会主义条件下商品和价值规律问题展开了一场大讨论。顾准经过深入研究，发现在计划经济体制下，价值规律已经起不到调节作用，由此产生了很

1　张德霖 / 韩孟《学习骆耕漠同志治学精神》，《经济研究》1998 年第九期

多问题。他认为在社会主义经济中，商品货币和价值规律也应该能调节生产。第一个提出计划体制根本不可能完全消灭商品货币关系和价值规律，强调企业要有自主独立的成本核算制度。为此，他于1957年在《经济研究》上发表了《试论社会主义制度下商品生产和价值规律》一文，从理论上阐明社会主义经济仍必须遵循市场经济的基本规律。这既是对苏联计划经济体制弊端及其理论谬误的扬弃，也是对中国经济已经暴露出来的好高骛远、急于求成等问题提出警示。

然而，正是这篇划时代的论文，却使顾准在1957年那场运动中被打成"右派分子"。1958年，他被下放到农村接受"劳动改造"。先是去了河北赞皇，11个月后又去了河南商城，在那里经历了惨绝人寰的大饥荒。1960年2月，摘帽后的顾准被调到综考会所属北京郊区清河农场，除参加体力劳动外，还兼任农场会计。

1962年春，爱惜人才的孙冶方在骆耕漠的积极支持下，登门邀请顾准——这位多灾多难的老友，再次到经济研究所工作（第一次是在1956年，顾准想退出实际工作，于是应张劲夫的邀请，从建工部调到科学院综合考察委员会。同时他自己还要求在经济所兼职搞研究）。

孙冶方为了使顾准有一个良好的研究环境，让他到政治经济学组，并给他安排了一间单人办公室。政经组人才济济，张闻天、吴敬琏、赵人伟、张卓元、张纯音（笔者母亲）等都是这个组的成员。组长骆耕漠是顾准在新四军中的老战友。他为人宽厚，倡导学术自由，从不压制不同意见。顾准在这里如鱼得水，感觉终于找到了理想的归宿。他在"历史自述"中写道:"政经组的同志热诚地对待我,我这个右派分子来到这里,就像回到了老家一样"。来所后第一个星期天,他特意买了菜,做了一顿丰盛的午餐,庆贺再度来到经济所。他对未来充满了希望,并兴奋地告诉家人:"从此要埋头读书,除此之外,别无他求。"[1]

顾准曾跟我母亲戏称经济所是个"聚宝盆"。在这方学术沃土,他与孙冶方、骆耕漠的友谊进一步加深。他们三人频繁交流思想,过往甚密。

顾准在与孙冶方探讨理论问题时认为:价值规律在社会主义经济中具有重要的作用。在上世纪五十年代,提出这样超前的看法极为不易。正是受这一观点的启发,孙冶方撰写了《把计划和统计放在价值规律的基础上》,发表在《经济研究》1956年第6期上。文中深刻阐述了价值规律对社会主义经济的重要意义,并对按照主观意志"不计盈亏"大办工业等做法,提出了尖锐批评。1963年,他在一次关于经济理论问题的辩论会(实为批判会)上,以语不惊人死不休的气概冲口而出:在社会主义建设中,"千规律,万规律,价值规律第一条"。[2]

然而好景不长,孙冶方于1964年被打成"张闻天、孙冶方反党联盟。中央派出七十人组成的"社会主义教育工作队"进驻经济所。他被停职反省,大会、小会批判竟多达几十次。1965年9月,孙冶方被工作队评定为"抗拒党和群众对他的批评,态度十分骄横。"他遭到撤销党内外一切职务的处分,下放到北京郊区房山县周口店公社劳动改造。

1　顾准《顾准自述》,中国青年出版社,2002年1月

2　高建国《顾准全传》,上海文艺出版社,2000年

骆耕漠每逢政治运动必挨整。1964 年，由于旧案重提，再加上"支持孙冶方，包庇张闻天、顾准"等"新问题"，骆耕漠在"四清"运动中，以"修正主义分子"、叛徒、特务嫌疑"等罪名遭到猛烈批判。

1966 年，史无前例的"文化大革命"开始后，他们三人更是在劫难逃，一个个被"打倒"。顾准自不必说，他从 1952 年就开始挨整，还是中国唯一一个曾两度戴上"右派"帽子的"牛鬼蛇神"；而孙冶方则以"反党、反社会主义、反革命修正主义"的罪名，被揪出来批斗。骆耕漠更是被抄家、游街示众。

一天，母亲听说"造反派"第二天要抄孙冶方家，赶紧跑去报信。结果孙伯伯赶在抄家前夕转移了所有要紧的东西，躲过一劫。

不久之后，顾准和孙冶方被双双关进牛棚。造反派"勒令"他俩打扫办公楼的楼道和厕所，他们每天故意去得特别早，趁楼里还没人来上班的这段时间边干活边交换思想，并探讨对"文革"的看法。

1968 年 4 月 5 日，康生下令逮捕孙冶方。没有先兆、没有理由、没有程序、更没有任何解释，他被投入秦城监狱，一关就是七年零五天。

孙冶方被关押期间，顾准、骆耕漠、还有我母亲，都非常担心他的安危。一次，我母亲跟顾准谈到他们这位老朋友，不无忧虑地说："冶方已经被关了这么多年，真担心他在精神上垮了。听说有的人被长期单独监禁，最后变疯了。"顾准却坚定地回答："不会的，我了解他。他是个有思想的人，有思想的人是不会发疯的。"他还说："冶方若放出来，他第一个要见的一定是我。"

1969 年，全国各地党政机关、高等院校遵照毛泽东的"五七指示"，在各地大办"五七干校"。学部自然不能幸免，于当年 11 月 16

日下放。经济所职工被"连锅端"，顾准、骆耕漠、母亲张纯音还有我，都一起去了河南息县学部干校。

就在出发前几天，顾准才获悉他相濡以沫几十年的妻子汪璧自杀身亡已一年多，而大女儿又拒绝与他见面，精神上遭到严重打击。不久以后，我在干校认识了他。从那时起发生的很多事，笔者在《干校札记》里有详细记述。

1974 年 11 月初，顾准被查出患了晚期肺癌。当他得知已来日无多，内心很痛苦。他说自己并不怕死，只是痛心不能再工作，没来得及把那些日臻成熟的思想写出来。

在顾准病重的那些日子里，他在经济所的几位好友：骆耕漠、林里夫、江明、吴敬琏、张纯音（笔者母亲）等，或日夜轮班守在他的病床边照顾，或在家里烧了可口的饭菜带给他吃。双目几近失明的骆耕漠，更是在我母亲的搀扶下，冒着刺骨的寒风，从老战友那里借来轿车，接老中医去医院出诊。在顾准生命的最后一个月，这些朋友竭尽全力，为他营造出一个不是亲人却胜似亲人的家庭氛围。使他在离开人世的那一刻，感到不那么孤独、凄苦。

经济学家孙冶方

1975 年 4 月 10 日，孙冶方获释。当他听说顾准于 4 个月前刚刚离世，为没来得及跟挚友见上最后一面痛心不已！此后，他每天清晨都要去三里河一带散步，因为顾准的部分骨灰就撒在那条小河里，足见他对这位亡友的感情之深。

孙冶方出狱没过几天，我母亲便迫不及待地带着我前去探望。那还是"文革"期间，人人自危，对刚从大狱里放出来的人，别人躲都来不及。我们来到三里河一区 3 号楼，那是经济所宿舍，里面住的全是母亲的同事。孙伯伯家在一门 301 室。母亲怕上楼时碰上熟人，让我先去探探路。直到我按照约定的暗号咳嗽两声，她才敢上去。

分别多年的老友相见，分外激动！孙老果然如顾准所料，不但没疯，头脑还异常清醒、谈笑风生。他不愿多提狱中生活，只说这些年支撑他活下来的，是早在 1959 年就开始酝酿并着手写作的那本专著——《社会主义经济论》。苦于狱中没有纸笔，他只能打腹稿。可毕竟年纪大了，大部头学术著作怎能靠腹稿来完成！为此，他将这本书分成了 21 章，共 183 节，每节有个小标题，长达一百多万字。为了避免遗忘，他每天都把这 183 个标题从头到尾背一遍，漫长的监禁生活就这样一天天熬过来了。

孙冶方出狱那天，经济所派车来接。他一上车就对接他的人说："我是一不改志，二不改行，三不改变观点。对于我所坚持的学术观点，一个也不改变。"他出狱后做得第一件事，就是赶紧用纸笔把这 21 章 183 节记录下来。

孙伯伯接着对母亲说："你是第一个来看我的人，实在太好了！有件事要拜托，请把这本书的那些章节抄写一份带回去。这样万一哪天我人再被抓，家再被抄，书的骨架还在，这些年的牢就没白坐。母亲听了大受感动，当即坐下来开干。这时洪奶奶（孙冶方夫人洪克平）赶紧递过来一叠用铁夹子夹住的展平的香烟盒纸，让我母亲

孙冶方在石林（摄于1978年6月）

把那些目录章节抄写在纸背面的白色部分。洪奶奶的节俭在朋友中是有名的。这也难怪，孙伯伯被捕入狱后工资停发，她只能靠自己的退休金过活，很是不易。母亲直到深夜才抄完，此时末班车已过。我们告别了孙伯伯、洪奶奶，带着这份沉甸甸的重托，一路走回家。

孙冶方特别喜欢西方古典音乐，尤其爱听贝多芬交响曲，说那些铿锵有力的旋律能振奋人心。据经济所老所长赵人伟回忆，一次他去看望孙老，见他正在用留声机放唱片，就问这是什么曲子？孙答不清楚，只是觉得特别好听。正说着我母亲也来了，她一听就说这是轻歌剧《风流寡妇》中的经典唱段。还说这部戏的剧名《The Merry Widow》译成"风流寡妇"不准确，应该译成"快乐的寡妇"。孙冶方听罢高兴地说："还是张纯音内行，比你我更懂音乐"。

1977年，孙冶方获得彻底平反，相继担任中国社会科学院经济研究所顾问、名誉所长、中顾委委员等职务。

孙冶方早年留学苏联，非常了解计划经济，深知其中的弊端：在经济管理上，国家对企业统得过死；在所有制结构上，盲目追求"一大二公"；在分配方式上，平均主义严重。而顾准早在六、七十年代就开始了解西方经济学。他通过观察1949年新中国成立后，实施计划经济所产生的种种问题，痛感这条路行不通。孙冶方与顾准殊途同归，一致得出结论：要强调价值规律在社会主义经济中所起的作用，进而实行市场经济。

改革开放后，由于孙冶方于五十年代发表了《把计划和统计放在价值规律的基础上》和《论价值》两篇文章，提出经济建设要讲利润，要遵守价值规律，被誉为中国市场经济第一人、中国的利别尔曼（前苏联改良派经济学家，于1960年代提出以利润为主要杠杆管理苏联国有企业。作者注），成为中国经济学界领军人物，威望如日中天。

按照孙冶方的设想，他能够撰写一部结构严谨的《社会主义经济论》。然而，一旦动起笔来却意识到理论上有难以逾越的障碍。他在日记中写道："进展速度极慢……要抢时间啊！"直到写作后期，吴敬琏加入了他的写作班子，才发现孙冶方思想体系中存在着深刻的矛盾，主要表现在他的商品价值观上。一方面他认识到实行计划经济不利于发展生产，而且会造成极大的浪费；另一方面，由于他早年留学苏联，深受传统苏式政治经济学的影响。他坚持认为：经济中的基本比例关系是可以通过计划来协调的。他所讲的"价值"，不是第一号价值，即市场价值；而是"第二号价值"，即作为计划的工具，不需要通过市场的价格波动来起作用。因此，他的"价值"理论不彻底，一接触实际问题，就难以自圆其说。[1]

1979年9月，孙冶方被查出患了晚期肝癌。他并没有因此躺倒，

1　柳红《孙冶方提出不排斥资本主义经济学》，《经济观察报》，2009年8月20日

而是更加努力地工作。1982 年，孙冶方已病入膏肓，而他那本《社会主义经济论》尚未完成。经济所领导特别着急，专门在毗邻协和医院的北京饭店租了一个套房，挑选刘国光、张卓元、林青松、冒天启、旷建伟等五人组成"思想抢救小组"，每天守在他的床前，用录音机将他口述的文稿一一记录下来，然后整理成文字。即便如此，他还是没来得及完成毕生心愿，于 1983 年 2 月 22 日永远离开了我们。

孙冶方在病重期间，曾多次郑重申明，他于上世纪五十年代提出的价值规律学说，是受顾准的启发，让几位学生今后为他出书时一定要注明这一点。孙冶方讲这番话时顾准已去世多年，如果他自己不说出来，别人并不知道这些，这充分体现了孙冶方先生的学术道德之高尚。如果说孙冶方是中国市场经济第一人，那么顾准就是他背后的高参，这也是经济学界公认的。

1985 年，经过整理的孙冶方《社会主义经济论稿》终于与读者见面，里面收录了他从 1961 年到 1983 年 20 多年里的 6 篇文稿。这本书与众不同的是，提出了一个与传统社会主义经济学迥然不同的新体系。作者从他的价值论出发，提出了社会主义政治经济学的红线：即以最少的社会劳动消耗，有计划地生产最多的满足社会需要的产品。

如今，即使是经济系的学生，都不一定知道孙冶方其人。然而，他生前为提出社会主义价值规律学说付出了高昂的代价，身后极尽哀荣。就在他去世不久，当时的国家领导人高度评价了孙冶方令人钦佩的坎坷人生，充分肯定了他的治学精神和理论贡献。由 55 位著名经济学家发出倡议，成立了孙冶方经济科学奖励基金会。他们捐出自己多年微薄的积蓄或刚刚补发的工资，作为基金会的启动资金。这是中国经济学界最高奖项，被誉为"中国的诺贝尔经济学奖"。

此时，经济所"三家村"只剩下骆耕漠一人。他人如其名，像一匹负重的骆驼，在学术大漠中不断耕耘，直至生命最后一息，享年一百岁。

从 1956 年开始，中国经济学界对社会主义条件下商品和价值规律问题曾展开大讨论，前后长达数年，形成了"窄派"和"宽派"两种不同观点。"窄派"代表人物是骆耕漠。他认为应严格按照马克思主义经济学观点来考察我国社会主义制度下的商品价值问题，即在单一社会主义全民所有制条件下，只有产品交换，没有商品交换，不存在政治经济学意义上的商品；而"宽派"代表人物则是孙冶方和顾准。他们认为"千规律，万规律，价值规律第一条"。主张社会主义国家应"把计划和统计放在价值规律的基础上"。即使将来到了共产主义社会，价值规律仍然要起调节作用。社会分工是商品生产和交换存在的原因，凡以交换为目的的生产就是商品生产。然而，孙、顾二人所提出的价值规律还是有所不同。孙冶方认为第二价值规律可以起调节作用，但是他提出的价值规律并不是市场规律。顾准讲的价值规律才是市场规律，是用价格的自由波动来调节生产。故在那场论战中，唯一从实质上讲市场经济的，就是顾准。（吴敬琏语）

按照世俗观念，孙冶方和骆耕漠是成功者，他们晚年都获得了极高的声誉；而顾准只是个落魄文人。他早在 1974 年就去世了，当时只有 59 岁，是"三家村"中晚年生活最悲惨，最早离世的一位。他的后半生是在没完没了的批判斗争、检讨交代、孤独穷困中度过的。他没有等到自己所预言的"中国神武景气"的到来，更没有看到"中国雄飞于世界"。甚至在他离开人世后漫长的二十年里，世上真正了解这位集天才与勤奋于一身的思想家的人都屈指可数。

然而，是金子终要发光。就在顾准去世后第18个年头，他与六弟陈敏之在1973-1974年间通信中的学术讨论笔记，在香港结集出版。这是顾准思想之精华，字里行间散发着真理的光辉。陈敏之为这本书提名《从理想主义到经验主义》，暗指作者一生思想发展变化的轨迹。

从上世纪70年代起，顾准的研究就不再局限于经济学，还广泛涉及中外历史、哲学、政治、宗教等领域。他的贡献实际上早已超越了经济学，或者说他极度扩大了经济学的边界。他的非凡洞见和前瞻性研判令人惊醒，回头探究他的思索之路。他比同时代人站得更高，走得更远，彻底突破了马克思主义教条的樊篱。

他年轻的时候曾坚定信仰共产主义——那个神圣的"终极目标"。为了实现这一远大理想，他放弃了已经到手的优越物质生活，义无

顾准在北京中山公园（摄于1972年12月）

反顾地投身到这"伟大的事业"中去。可经历了种种残酷现实后，他痛苦地发现，他所面对的是"把理想主义庸俗化了的教条主义"。他尖锐地指出："革命的目的，是要在地上建立天国——建立一个没有异化的、没有矛盾的社会。我对这个问题琢磨了很久，我的结论是，地

上不可能建立天国，天国是彻底的幻想，矛盾永远存在。所以没有什么终极目的（即"共产主义"），天堂并不存在，有的只是进步。"一次，他跟我和母亲感叹："天堂固然好，路有冻死骨。"

顾准认为："走武装夺取政权的道路，然后实行一党专政，最终必然会导致独裁专制。"他晚年思考"娜拉出走后会怎样"，即革命成功后将会怎样这一问题，得出的结论是："革命的理想主义"会经由某一路径转化为"保守、反动的专制主义"。

他说："17世纪以来，有两股革命潮流，一是英国革命和美国革命，这两次革命导向典型的资本主义。一是1789年和1870年的法国革命，它们在法国本身，导致了两个帝国和五个共和国。然而它们同时展示出消灭资本主义、走向社会主义的趋向。这种趋向，按两次革命本身来说，是不可能成为现实的。顾准认为在近当代世界政治史上，这一路径就是"1789年（法国大革命）—1870年（巴黎公社）—1917年（俄国十月革命）"。在他看来，革命是对现状的破坏，它不可能获得经验性支持，只能通过对未来至善的想象、对乌托邦的渴望进行社会动员，争取群众参加。所以，革命的理想主义者"唯有坚持理想是唯物的、有根据的，同时又是绝对正确的，他们才心有所安。他们唯有坚持真就是善，才能理论与实践一致地勇往直前""每当大革命时期，飘扬的旗帜是不可少的。所以，理想主义虽然不科学，它的出现，它起的作用，却是科学的"。在法国大革命、巴黎公社以及十月革命中，"终极目的"都是革命动员的强大依据。

顾准发现，作为革命必不可少的工具，"终极目的"的设定是危险的。因为"终极目的"是一元的，逻辑地包含着权威主义和专制主义。革命家们自以为掌握着真理，承担着"建立天国"的重任，把"终极目的"当做当前最高目的，并为此而拒绝、否定其他任何目的，清洗一切或可能具有竞争力的所谓"异端邪说"，肆意破坏日常生活，践踏公民权利，实行专政。

"乌托邦"到底是未来蓝图还是空中楼阁？著名经济学家哈耶克认为："乌托邦永远不可能实现。计划体制践踏私产、无视基本人性，只会带来匮乏、混乱和奴役，最终自我毁灭。""通往地狱之路，往往是善意铺成的。"我们看到，历史上所有"乌托邦"实验，都无一例外以惨烈的失败而告终。从列宁领导"十月革命"建立的前苏联到柬埔寨红色高棉做的"安卡"实验；从中国的太平天国到毛泽东一手发动的"人民公社运动"。每一个被描绘成人间天堂的社会，都只是空中楼阁，崩塌后给民众带来的却是数不尽的灾难。

顾准认为应该实行民主政治，走两党制议会道路：

> 我不主张半开门，我主张完全的民主。因为科学精神要求这种民主。
>
> 你不赞成两党制，可是，你看看一党制的社会主义国家如何。苏联、东欧我们固然看够了，在东方某些国家中盛行的那一套阿谀崇拜，你不觉得恶心吗？一个人，手里集中了为所欲为的权力，你用什么办法来约束他不乱搞？有什么保证？

尽管顾准生前没有提出通往上述主张的路径，但他至少告诉我们：中国奉行了几十年的那套马列主义教条绝对行不通，必须改弦更张。

正如学者王元化在《顾准文集》序言中所说："他是最早冲破教条主义的人。仅就这一点来说，他就比我以及和我一样的人，整整超前了十年。在那个时代，谁也没有像他那样对马克思主义著作读得如此认真，思考得那样深。谁也没有像他那样无拘无束地反省自己的信念，提出大胆的质疑。"王元化评论顾准时还说："他的思考不囿于书本，不墨守成规，而渗透着对革命对祖国对人类命运的沉思，处处显示了疾虚妄求真知的独立精神。"

历史学家朱学勤认为，"中国的自由主义在 1949 年之后已经渐渐销声匿迹，并且名声扫地。但顾准凭一己之力再次扛起了自由主义的旗帜，为自由主义在当代中国'挤'出了一道门缝"。这位早年信奉共产主义革命的理想主义者在历经劫波之后脱胎换骨，回归为一个理性、信奉渐进改革的经验主义者。

对顾准给予极高评价的，还有前中共中央总书记赵紫阳。他作风务实，与知识分子的关系十分融洽。在长达 16 年的软禁生活中，他读了很多书，对《顾准文集》一书看得格外细致、深入。1995 年 11 月 4 日，赵紫阳跟前来探望的友人宗凤鸣谈到顾准，他说："顾准是个大思想家，当今理论界还没有超过顾准思想水准的"。他还说："在那个人迷信的时代，在那极端困难的条件下和逆境中，顾准这样钻研问题、提出问题真不简单。顾准、李慎之等人是大彻大悟，已与马列主义意识形态决裂。"他还说："可惜国人至今能够理解顾准的还是少数呀。"[1]

---

1 《赵紫阳软禁中的谈话》，宗凤鸣记述整理，香港开放出版社，2007 年

从 1978 年起，中国搞了四十多年的改革开放。可这个改革却是瘸腿的，是在一党专政框架下进行的。即一方面实行市场经济；同时又不搞政治体制改革。顾准所深恶痛绝的东方专制主义和它的经济基础，依然顽固存在。旧体制和旧文化，像一条百足之虫之虫，死而不僵。它们的代表者仍然步步为营，负隅顽抗。在转轨过程中，有人打着"改革"的旗号，干着掠夺大众的勾当。顾准当年提出的"娜拉出走以后怎样"，这个问题并没有得到解决。

我们知道，在中国共产党内部，有一批被称为"两头真"的老干部。他们年轻时，出于对国家前途的担忧和共产主义信仰参加革命。到了晚年幡然醒悟，认识到当年为之奋斗的事业，最终却换来了一个压迫、愚弄百姓的专制政权，为此深感痛心。

思想家顾准的出土，震撼了几代中国人，特别是这些"两头真"老干部。然而，他们当中多数人或因不愿完全背离自己毕生追求的理想；或因受到知识结构的局限，难以像顾准那样彻底认清马克思主义的本质。

综上所述，孙冶方、骆耕漠、顾准这三位知识分子老干部当中，唯有顾准从一个马克思主义忠实信徒，逐渐对这一信仰产生怀疑，最后彻底改变立场，坚决地站在经验主义、多元主义一方。他用自己的鲜血和生命写下了掷地有声的篇章。

跟陈翰笙学英语

　　1975 年，文革进入后期，我从外地回北京养病。在此之前，一直自学英语。由于起步晚，又缺乏指导，感到很吃力，水平总也提不高。一天，跟母亲一起探望刚从监狱获释不久的孙冶方伯伯，他谈起好友陈翰笙正在给一群年轻人辅导英文。母亲一听赶紧问："能否介绍小女拜他为师？"孙伯伯欣然应允，当即写了介绍信，并托母亲把他刚写完的一篇经济学论文带给陈翰老，请他提意见。

　　回家的路上，我问母亲，陈翰老是谁？她说："你可真孤陋寡闻！他是鼎鼎大名的革命家、外交家、学界泰斗，经历颇为传奇。早年留学美国、德国，在社会学、经济学、历史学等诸多领域，都有非凡的成就。"

　　第二天我和母亲就去拜访陈翰老，找到东华门大街 38 号。那是个独门独户的小四合院儿，房子很旧，院子里的路坑坑洼洼的。从这年久失修的住房，不难看出主人在"文革"中的境遇。

　　去之前听孙伯伯讲，陈翰老已经 80 岁了。由于害青光眼，视力仅剩 0.02，除了能分辨白天黑夜和眼前晃动的人影，其他什么都看不见。想象中的翰老是个风烛残年的老人，可见面后完全出乎意料。他头脑清晰，谈笑风生，说："我只是眼睛坏了，身体其他地方都没毛病。就像我们的国家——人民是好的，只是上面出了问题。"母亲把孙冶方伯伯的文章交给他，请他提意见后寄回去，并讲了孙伯伯家的住址。他说："知道了"。母亲感到奇怪，问为什么不把地址记下来？他说已经记在脑子里了。母亲大为惊叹，说："您这么大岁数，记性居然如此之好！"伯伯一听不乐意了："我不算大呀。"接着他诙谐地指指我："也就比她大一点儿。"那年我22岁。见伯伯这样风趣幽默，刚进门时的紧张拘束一扫而光。接着他问了一下我的学习情况，说："待会儿正好有个初级班，你先来旁听吧。"就这样，我成了陈翰老的学生。

当时翰老一共教四个英文班，一个初级，两个中级，一个高级。每班五、六个人，每周上两次课。在初级班试听两次之后，伯伯说："根据你的程度，可以进中级班了。"于是我升了一级。

陈伯伯的学生大多是"黑帮子弟"，其中就有"党内最大的走资派"刘少奇

陈翰笙（1897-2004），著名社会学家、历史学家、经济学家，先后获美国芝加哥大学硕士学位，德国柏林大学博士学位。1924年回国任北京大学历史系教授，并经李大钊介绍为第三国际工作。1946年再次赴美国，在华盛顿州立大学、宾西法尼亚大学等校任教。1951年回国，历任外交部顾问，中国人民外交学会副会长、国际关系研究所副所长，中国社会科学院历史研究所名誉所长等职，多次被选为全国人大代表和政协委员。

的两个女儿：刘平平和刘亭亭。伯伯的朋友和家人都认为这样做太危险，劝他别教。可他却说："为什么不教？刘少奇的女儿也有平等受教育的权利！"他戏称自己"有教无类"，足见他有多么强的平等观念。

伯伯上课从来不用课本。具体方法是：先让每个学生提出一个自己感兴趣的话题，然后大家举手表决，选出多数人感兴趣的话题。伯伯当即根据这个题目做一篇英文短文。他边想边说，我们将其记录下来。遇到不会写的生词，他便耐心地讲出拼法。记得当时我们出的那些题目古今中外、五花八门。如：联合国秘书长瓦尔德海姆、何香凝画虎、陈纳德与陈香梅、天堂与地狱、关于走后门儿……每当伯伯根据当天的选题口述英语短文时，我都为他那渊博的学识、惊人的记忆感叹不已！接下来他就这一话题组织四个中文句子，让我们带回去翻译成英文。第二次上课时，每个人要把上次学的短文背诵出来，然后伯伯逐字逐句地帮我们修改汉译英句子。接着又是选出当天的话题，如此周而复始。伯伯解释说，他之所以这样教，是因为背诵好的文章可以培养语感，这是学习任何一门语言的捷径；而通过修改翻译的句子，能使学生学会如何遣词造句，用地道的英语表达思想。在教学中，他强调听说读写并重，反对死抠语法。

一次陈伯伯的妹妹陈素雅阿姨跟我们谈起他的教学："上课时看上去是他考你们，实际上更是你们考他。谁见过哪个老师教英文不用教材，每次都能根据学生出的题目，用英语即兴写作的？！"

我们的课堂气氛非常活跃。伯伯特别注重民主、平等，每个人都可以发表自己的看法。自从进了这个班，我眼界大开，不但学了英文，

陈翰笙在英语班上授课

还长了许多知识。更重要的是，在潜移默化中，向伯伯学习如何做人。

一次，到了该去上课的时间，可外面却下起瓢泼大雨。我有些犹豫，不知是否还要去。母亲见状说："当然得去。陈翰老这样不辞辛苦地教你们，哪有因为下雨就不去的道理?!"于是我撑了把大伞直奔伯伯家。到了之后，发现那天只去了我一个，以为肯定不上课了。刚要告辞，伯伯却招呼我说：时间到了，咱们上课吧。就这样，他一对一地教我，像往常一样地认真、一样地耐心。我心里暖烘烘的，感动得不知如何是好。

1977年秋，国家决定恢复高考。规定凡高中毕业或具有同等文化程度者均可报名，择优录取。经过十年"文革"，无数被挡在大学校门外的年轻人摩拳擦掌，准备一试。伯伯要求班上凡符合条件的人都要报考。我当时很犹豫。一是想到自己文革前只上到小学五年级，后来虽经过一番自学，可总感到各方面基础太差，一点儿信心也没有；再者，当时工作单位在兰州，若参加高考，还得赶回去。一旦考不上，失去在北京学习的机会不说，别人会怎么看？我跟伯伯谈了自己的顾虑。他一听就急了，直跺脚，说："这样千载难逢的机会怎么会想到放弃？！是不是没钱买回去的火车票？要是的话，这钱我出了！"我从来没见过他发这么大的火，心里特别不安，赶紧说："您别生气，我一定考。"伯伯帮我最终下了决心。

结果我们这个班全体都报了名。考期将至，伯伯决定停课，让大家全力备战。最后一次上课，同学们想到今后很可能各奔东西，心里充满了依依不舍之情。这时有人提议搞个告别聚会，马上得到热烈响应。伯伯随即口述了一篇短文，题目就叫 Farewell Party（告别聚会）：We are thinking of a farewell party…… 大意是：我们筹划搞一个告别聚会。不久之后，班上全体同学将奔赴考场。希望很快能在北京大学、北京外国语学院、广州中山医学院等院校见到我们的同学……（文中提到的院校是班上几个同学填写的报考志愿）

两个多月后，当我接到录取通知书时，激动万分！马上写信向陈伯伯报告了这个好消息。没过几天就收到他的回信。除表示祝贺外，还附有一张表，上面列出英语班上考取大

陈翰笙与徐方（作者）（摄于1980年代）

学的学生名单。那年他的学生中有二十人参加了高考，结果竟考上了十八个，且多为重点大学。录取率90%，这在当时是相当高的。要知道1977年高考，全国平均录取率仅为4.8%。

高考彻底改变了我的人生，而我竟险些与其失之交臂。每当想到这些，心里对陈伯伯都充满了感激之情。

今天回想起来，伯伯当年一定感到非常欣慰。文革初他饱受迫害，后来长期"靠边站"，无事可做。然而他不甘蹉跎，从文革后期起，以义务教授英语的方式贡献社会。多年来他呕心沥血，先后辅导过300多人，分文不取。这种无私奉献精神，真是感天动地！

1982年初，我毕业分配到北京工作。为了进一步提高英语水平，又到陈翰老的英语研修班"回炉"。这个班的程度比当年那个中级班要高多了，学生大多是刚毕业的大学生、研究生，还有一些不同领域的专业人士，如舞蹈家资华筠、社科院美国所所长助理何迪等。日子一久，我和这些同学就成了无话不谈的挚友。

华筠姐曾跟我谈到这样一件趣事：她与著名经济学家孙冶方同是全国政协委员，常在一起开会，故而很熟。1982年春的一天，当孙冶方听说资华筠是陈翰老的学生时就对她说："你的老师是我的引路人。我是在他的影响下参加革命的，进而对经济问题产生兴趣，我很感激他。"

资华筠将孙冶方的话转告陈翰老，以为老师一定会因此而感到自豪。谁知翰老却说："不记得了。"

华筠姐以为老人年纪大了，记忆模糊，就半提醒半嗔怪地说："人家大经济学家称您是引路人，您倒把人家忘了。"

陈翰老十分认真地回答："我只努力记住自己做过的错事——怕重犯错误。至于做对的事情，那是自然的，应该的，记不得那么多了。孙冶方的成就，是他自己努力的结果，我没有什么功劳。"

陈翰老就是这样一个人——只记得自己做过的错事，而不记得对别人的帮助。这种情怀与境界，确实非比寻常！

陈翰笙早年留学美国、德国。他学识渊博，掌握多种语言。就在他即将从柏林大学博士毕业前夕，时任北京大学校长的蔡元培去欧洲考察。因久慕其盛名，邀请陈翰笙拿到博士学位后，回国担任北京大学破格教授。当时他只有27岁，人送雅号"娃娃教授"。

1925年，陈翰笙与同在北京大学任教的李大钊相识。经李大钊介绍，加入了国共合作时期的中国国民党。1927年4月，李大钊被捕后，陈翰笙被迫流亡苏联，在第三国际农民研究所工作一年多。是早期中共党内为数不多的学者型革命家之一。

1998年，北京大学迎来百年校庆。有电视台记者前来采访，想请陈翰老说几句祝福北大的话。可他居然说："祝北大今后办得像老北大一样好。"记者和家人都不干了，就教他说：你说"祝北大今后越办越好"。老先生连说三遍，每次都与原先说的一样，不肯照别人吩咐的做。他认定北大今不如昔，绝不改口。这就是陈翰老！此时翰老已101岁，双目失明，行动困难，却仍坚持自己的看法。正如麦克阿瑟那句名言："老兵不死，只会逐渐凋零。"

1955年，中国科学院建立"学部委员制度"，遴选首届学部委员，陈翰笙成为60多位哲学社会科学学部委员中的一位。与他同时入选的还有张稼夫、千家驹、薛暮桥、骆耕漠等，上述几位都是陈翰笙当年建立的"中国经济研究会"的成员，薛暮桥更是声称自己"受业于陈翰笙"。

新中国成立后，路越走越左，各种政治运动不断。"文革"十年更使大批无辜者惨遭迫害，国家经济走到崩溃的边缘。凡此种种，令他痛心疾首。

陈翰老曾多次跟我们谈到想退党。他说："这样的党，我再也不愿留在里面了。"可家人和学生都劝他千万别这么做，申请退党会给自己惹来很大麻烦。翰老还说："我年轻时，是把脑袋别在裤腰带上干革命的（指冒着生命危险）；今天，我还愿把脑袋别在裤腰带上，反对这个专制政权！"

我于1994年移居日本，不过一直跟陈翰老保持联系，每次回国都去他家看望。2003年春节回北京，听说他病重，住在协和医院，赶紧前去探望。病榻上的伯伯处于昏迷状态，靠呼吸机和鼻饲维系那微弱的生命。考虑到自己旅居海外，见一次面不容易。而伯伯已107岁，病得又这么重……于是请他侄女为我们拍了一段录像。结果那次探望果然成了永别。

陈翰老一生专心治学，没有留下子女。按中国人的老传统，他并没有做到儿孙满堂。然而他却以另一种方式创造了自己的人生价值——著作等身和桃李满天下。

认识孙家琇

1969 年 11 月，我随母亲张纯音，下放到河南息县中国科学院哲学社会科学部五七干校。刚到不久，常见一位五十出头的妇人，走到哪儿都带着个弱智孩子。她脸上长着一块一块的冻疮，包着土里土气的方格头巾，乍一看像个村妇。可妈妈却对我说："她是著名莎士比亚专家孙家琇，早年留学美国，学问了得！我很希望跟她成为朋友。"

母亲的愿望很快就实现了，她们一起参加了搭建席棚的劳动。搭席棚有一道工序叫打秫秸把，活儿不重，多由女同志来干。人们席地而坐，每次从大堆的秫秸垛里抽出十根左右，排齐后用麻绳扎紧。母亲和孙阿姨并肩坐在一起，边干边聊。毕竟都是老知识分子，惺惺相惜，一拍即合。孙阿姨原是中央戏剧学院教授，1957年被打成右派。从那以后，她在学校里不断挨整，日子极为难熬。这次中央单位下干校，戏剧学院也名列其

中。趁这个机会，她赶紧申请跟随丈夫巫宝三一同下放，借此摆脱困境。听到这些，母亲对她的遭遇非常同情，生活中尽可能给与关照，我们两家走得越来越近。

这时候我已开始自学，求知欲极强，可不知该读些什么书。妈妈让我问问孙阿姨，于是我就跑去求教。没想到她却说："就读《艳阳天》吧！"这个答复令我大失所望。心想："孙阿姨怎么这样？这不是误人子弟吗！"妈妈听了，深深叹了口气，什么也没说……

多年后我才知道，孙阿姨于1957年被打成右派。当年8月7日，《人民日报》发表批判文章，斗大字的标题《戏剧界的一个凶恶女将》，指名道姓地对她大张挞伐。文中说：

> 在章罗联盟夺取高等学校领导权的阴谋中，戏剧界跳出了一员凶猛的女将，这就是中央戏剧学院戏剧文学系主任、民盟全国妇女委员会委员孙家琇教授……她利用艺术上的巧妙手法，向党进行阴险毒辣的攻击。

那些年她被整惨了，已成惊弓之鸟。在干校那个极左环境里，人人自危。为了保护自己，只能向我推荐《艳阳天》这类当时官方认可的"样板"小说；同时可能也是为了保护我。那年头读"封、资、修"，一旦被发现可不得了。

孙阿姨身体不好，患有严重的心脏病，按说应该时刻小心才是。可她干起活儿来特别卖力，什么脏活儿、累活儿都抢着干。脱坯是壮劳力的活儿，她也一定要参加，简直不要命了！几次发作心绞痛，非常危险，靠吃硝酸甘油才缓过来，现在想起来都后怕。

凡政治学习、批斗会一类活动，她也参加得十分投入。我当时真不理解她为什么要那样。现在想，或许有其苦衷。作为有"政治污点"的人，到了一个新单位，寄人篱下，地

孙家琇（左）与张纯音（右，作者母亲）（摄于1980年代）

位比谁都低，只能比别人干得更苦，表现得更积极，才有立锥之地。

好在经济所是个知识分子成堆的地方，聚集了一批中国最棒的经济学家，如顾准、骆耕漠、吴敬琏、董辅礽、汪敬虞、赵人伟等，多数人从骨子里崇尚知识。结果孙阿姨在这里很少遭到歧视，甚至比较受人尊重。孙阿姨跟母亲感叹："幸亏跟随经济所下干校，这一步算是走对了。"

经济所有个曾留学美国的老先生，比较了解她。说孙家琇早年在美国求学期间极为刻苦。她酷爱体育运动，尤其是骑马。她骑马时着男装，一身黑色燕尾服，戴一顶圆礼帽，风度翩翩。人送雅号：Gentlewoman（女绅士）。当时的我，无论如何也不能把"女绅士"跟眼前这位"村妇"联系起来，反差实在太大了。

孙阿姨的小儿子巫千是个弱智儿，那年十四岁；我弟弟也是先天智力落后，母亲和孙阿姨在如何对待残疾孩子的问题上，想法和做法惊人地一致。她们极端自责，认为都是自己不好，有责任通过后天补救，让孩子成为自食其力的人。尽管这个期望几乎无法实现。

孙阿姨对小儿子好得无以复加，走到哪儿带到哪儿，寸步不离。小儿子性格温顺，总是笑呵呵的。他完全没有数字概念，可对别人出的任何一道简单算术题，总能立刻说出答案，当然没有一个是对的。不过，他的记性却出奇的好。很多年后，有一次我从日本回国，往他们家打电话。刚说了一个"喂"，那头儿马上就叫："咪咪姐姐……"令我惊讶不已！

下干校后，一些带家属的人借住在老乡家。一排茅草房，当中用席子隔成几间，完全不隔音。每天晚上，我们都能听到孙阿姨给小儿子上算术课："除法就像一座房子，房子里面住着被除数，外头住着除数……"这个"故事"重复了无数遍，可儿子怎么也听不懂。母亲大受感动，说此等母爱真是惊天地、泣鬼神！其实她自己何尝不是如此，不断地给弟弟教算术、教语文，甚至还教英语，不知花费了多少心血，期盼孩子有朝一日会"开窍"，直至她生命的最后一息……

1972年7月，学部干校迁回北京。此时孙阿姨跟母亲已是非常要好的朋友，两家经常走动。她把我当成晚辈，在学习方面时常给予指点，不再有任何顾虑。她告诉我，历史是所有文科的基础，一定要多读史学方面的书，只有博古，才能通今。我的专业是英语，一次谈天时顺口说了几句英语。她打断我："你怎么每句话都用降调啊？这不行，听起来很土。国人学英语有一大误解，以为按照语法规则，只有一般疑问句才用升调，其他一律用降调。可实际上英美人说话很多句子结尾都是用升调的，不信你下次跟外国人说话时留意一下。"她指出别人的缺点时不留情面，让人有点儿下不来台。可事后想想，真是为自己好。我在大学外语系学习四年，没有一个老师指出过这个问题。孙阿姨一个点拨，使我受益终生。

有一次我们去拜访孙阿姨，聊天时母亲提到我交了个男朋友，已经考虑结婚了。接着告诉她对方是哪儿毕业的，在哪儿工作等等。话音未落，孙阿姨便迫不及待地连问："德怎么样？德怎么样？"接着她解释道："一般人择偶往往看重学历是否够高，是否门当户对，是否志趣相投……可我活到这把岁数，深感配偶最要紧的是人品。对方要是人品不好，其他什么都谈不上，婚后绝无幸福可言。"这段对话发生在四十年前。那个时候，特别是有识之士，更是看重人的本质。探讨婚姻问题时口不言钱，觉得俗气。

孙阿姨家住北京后海南沿儿大翔凤胡同。那本是她家自己的四合院儿，"文革"后充了公。居委会说要"掺沙子"，让一个工人家庭搬了进来。那家大概已经了解到他们家的"政治背景"，肆无忌惮地欺负他们。孙阿姨和丈夫巫宝三两人都有留美经历，不习惯蹲坑厕所，"文革"前费了九牛二虎之力，通过市政管道部门，在院子里修建了有抽水马桶的厕所。可那家嫌抽水马桶费水，硬是把马桶给拆了，在地上挖了个茅坑。孙阿姨出来跟那家女人理论，对方破口大骂："你们这些臭老九，到现在还惦记着资产阶级生活方式！"气得孙阿姨浑身颤抖，手脚冰凉，摔倒在地。家人赶紧把她搀扶回去。对方高唱："帝国主义夹着尾巴逃跑了！"从此，这个院子每隔几天得由环卫工人

孙家琇（左）与徐方（右，作者）（摄于1980年代）

孙家琇在自家小院儿（摄于1970年代后期）

背着粪桶来掏茅房。一到夏天，蝇、蛆肆虐，臭气熏天。孙阿姨无奈地向我母亲诉苦："你说这可怎么办？秀才遇上兵，有理讲不清啊！"

"文革"结束后，孙阿姨的右派得到改正，受到重用，出任中央戏剧学院戏剧文学系主任。她痛感岁月蹉跎，荒废了太多大好光阴。她玩儿命工作：著书立说，带研究生。她的教学严格在全校是出名的，研究生写的论文不知要修改多少遍才能通过。她不但撰写了专著《论莎士比亚四大悲剧》、《莎士比亚与西方现代戏剧》，还发表了大量莎学论文，主编了《莎士比亚词典》，在莎学研究上取得了令中外学者瞩目的成就。为此，先后两次被评为全国三八红旗手。我们到她家做客，那些奖状和胸前佩戴的红花都摆在玻璃书柜醒目的位置上，一进门就能看到，足见主人对这些荣誉之珍视。

孙阿姨还致力于向国人介绍莎士比亚戏剧。一次她亲自跑到我家，送来两张戏票，邀请我们观看她新改编的话剧《黎耶王》。这部戏采用莎翁著名悲剧《李尔王》的情节，把时间地点改在中国古代，剧中人物都着中国古装。她让我们特别注意演员张欣欣，说她不仅能演，还能导、能写，是个多面手，惜才之情溢于言表。

提到孙家琇阿姨，还得说说她的大儿子巫鸿。他们是一对非常奇特的母子。每当孙阿姨谈到这个孩子，眼睛里就闪闪发光，毫不掩饰自豪之情。巫鸿的确天资极高，加上学者父母的后天熏陶，从小就很优秀。连顾准也对他颇为欣赏，说他是少年才子，读书涉猎面甚广。

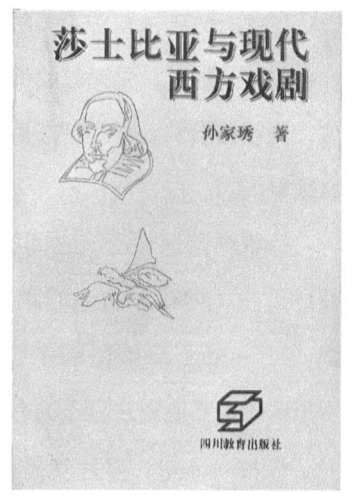

孙家琇著《莎士比亚与西方戏剧》

1957 年，巫鸿考上了北京 101 中学。这是北京最好的几个学校之一，到了高中就要分文、理科，学生得自己作出选择。孙阿姨和巫宝三伯伯（哈佛大学经济学博士）主张报理科班，理由是他们夫妇俩回国后政治处境一直不好，一个被打成右派；另一个也不断挨整，这与从事文科专业不无关系。因此得出结论：在中国学文科很危险。可巫鸿本人却坚持选文科。他太喜爱文科了，很清楚自己的这一倾向。讨论结果是三人一致决定选文科。这里没有家长的武断粗暴，有的只是民主、平等和理性。两位家长都是过来人，何尝不知选错专业，对人的一生有多么严重的影响。为了孩子的前程，他们甘愿冒这个险。若干年后，巫鸿果然没躲过挨整，此乃后话。

到了高考前夕，又出现了选择专业的问题。巫鸿酷爱美术，擅长油画，想报考中央美术学院油画系，可孙阿姨不赞成。她认为艺术对人的天赋要求实在太高了，即便能考上美院，最终要想成为真正的画家，难度还是极大。当年她在美国留学时，发现纽约贫民窟里，竟有两百多个画家！为此，她建议巫鸿报考中央美院美术史系，说这个跨学科专业最适合他，能充分发挥他各方面的才能。结果巫鸿那年同时考取了北大历史系和中央美院美术史系，他毅然选择了后者。

改革开放后，巫鸿赴哈佛大学深造，获美术史与人类学双博士学位，先后在哈佛大学和芝加哥大学任终身教授，在学术领域取得了累累硕果。

孙家琇阿姨与巫鸿之间的感情极深，不仅精神上高度沟通，还彼此欣赏。记得一次巫鸿跟我谈起他的母亲，说："我真的很佩服她……"；而孙阿姨更是常用"佩服"二字来赞美儿子。这是我一生中见到的最高境界之亲子关系。

1990年4月，母亲患癌症病逝。孙阿姨打电话来慰问，说她伤心之极，痛失一位难得的知己。

2002年夏，我回国探亲，按老习惯给孙阿姨打电话。接听的是她女儿巫允明，说母亲已于前一年底突发心脏病过世。

今年我又回国，整理母亲遗物时，发现了几张我和母亲与孙阿姨在1980年代的合影。谨以此文，寄托对两位老人的不尽思念。

孙家琇与大儿子巫鸿 摄于1970年代

美术史学家巫鸿

忆外公

——心理学家张耀翔

现代心理学是在什么时候传入中国的？又是谁最早将西方心理学介绍给国人、并使这门学问在中国站稳脚跟的？外公张耀翔于1937年在《我的教学生活》一文中这样写道："知我者莫若自己。最后请让我对自己十七年的工作，试下一个客观评价：张某对心理学并没有什么特殊贡献，不过他把心理学在国人心目中演成一个饶有兴趣、惹人注目的学科，则是事实。民国九年（1920年）以前，心理学在中国太神秘了，太枯燥了。凡听过他讲授或读过他文章的人，大都感觉兴趣，留下深刻印象。从此对心理学注意的不知凡几。因受他影响而志愿专门研究，终以心理学得名的也大有人在。他的学生，毕业出去担

心理学家张耀翔

任同样学科而成功的，亦不乏人。这些，当然也要归功于他人。"这段论述说明，外公张耀翔对中国心理学的建立、发展和普及，作出了相当的贡献。

求学之路

外公张耀翔 1893 年生于湖北汉口。外曾祖父张光禄是个秀才，靠教私塾过活。外曾祖母是个目不识丁的农村妇女。他们共育有四个子女，因家境贫寒，其中两个不幸夭折，只剩下外公和他的姐姐耀芬，从小跟父亲学习读书识字。外公 10 岁那年，汉口文华学校来了个美国传教士。他给自己取了个中文名字，姓孟，当地人都叫他"孟洋人"。孟洋人为了尽快掌握汉语，跟私塾先生张光禄商量住进他家，每月付给张家酬金 3 元。就这样，外公小时候家里住进来一个美国人，每天朝夕相处，对他影响很大。

两、三年后，外公的父母相继病逝，他和姐姐成了可怜的孤儿，举目无亲。好心的孟洋人感念张光禄的施教之恩，送姐弟二人到文华学校读书，并免去了一切费用。

孟洋人最初希望将外公培养成一个中国本土传教士，可外公很快就接受了新思想，深受达尔文进化论的影响，特别喜欢读严复翻译的《天演论》，以及梁启超主办的《新民丛刊》等刊物，最讨厌做礼拜和传教。他对同学说："只有科学才能救中国，要提倡科学，首先得破除迷信。"[1]

外公从小天资聪颖，课后常跟同学玩儿七巧板、九连环，还特别喜欢下围棋。他说：从这些游戏里，可以测知人们的智力差别和学习、办事能力。他还自编了一套"常识问答"，里面有一百个涉及各科的常识题，称其为"养脑片"，用以测验同学们的反应快慢。那时他虽不知世上有一门学问叫"心理学"，却对这方面的问题发生了浓厚的兴趣。

1913 年，外公 20 岁。孟洋人告诉他：美国用部分退还的庚子赔款，办了清华留美预备学校，在全国设立八个考点招生，其中之一就在汉口，建议他一定试试。结果外公当年就考取了清华留美预备班，插入高等科三年级，从此改变了命运。

据外公生前回忆，他们这些被录取的学生到北京后，学费、生活费全免，学校伙食甚好，还管给做衣服。为了使学生尽快做好赴美留学准备，教学内容主要是英语和西方国家社会风俗习惯，两年后毕业。

赴美前夕，外公张耀翔跟同级生廖世承商量选学什么专业。他俩都相信教育救国，认为强国必须强民，要象范源廉先生（当时清华学堂校长）那样，身许祖国教育事业。学校为这批即将赴美的 1915 级学生拍了集体照和个人照作为留念，外公在个人照背后题了一首打油诗："湖海飘零廿二年，今朝赴美快无边。此身原许疗民瘼，誓把心书仔细研。"[2]

1915 年秋，外公由清华学堂保送赴美留学，在哥伦比亚大学攻

1　程俊英《耀翔与我》，张耀翔著《感觉、情绪及其他——心理学文集续编》（附），上海人民出版社，1986 年

2　同上

读心理学，5年后获得硕士学位。他本来还准备继续深造，参加博士论文考试，题目为《中国古代学者关于"性"说的介绍与剖析》。就在这时，北京高等师范学校校长陈宝泉先生赴美考察教育，到哥伦比亚大学参观。他邀请几位留学生回国任教，许以教授头衔，于是外公应聘回国。

学术生涯

外公张耀翔于1920年回国，在北京高等师范学校（北京师范大学前身，以下简称"北高师"）任教，讲授普通心理、实验心理、儿童心理和教育心理等四门课，全部讲义纲要都由他自己编写。

外公提倡用科学实验的方法研究人的心理，到北高师任教后做的第一件事，就是筹备建立心理实验室。他在教学楼上找到大小两个房间，把从美国带回的仪器及后来陆续添置的仪器摆放在小房间里，大房间用来做实验。这是中国最早的心理实验室之一。

外公不赞成学生在课堂上把主要精力用于做笔记。他指导学生阅读专业书籍、讨论问题、做实验，并撰写论文。教学之余，他大力宣传、介绍心理学这门新的学科，希望让人们知道这个学科不仅可以应用在教育上，还能应用在实业、商业、医学、法律、军事、艺术，以及日常生活等方方面面，是一门很有实用价值的学科。

一位听过外公授课的老先生告诉我，外公讲课非常幽默、风趣，极富感染力。将古今中外各家学说融会贯通于自己的主张之中，既有科学性又有趣味性，大教室总是座无虚席。很多其他系的学生也赶来旁听，连门外都站满了人。

外公的名气很快传遍各校，第二学期就有三个学校邀他兼课。他辞去其中两个，只在北京女子高等师范学校讲授"儿童心理"，并在该校作了题为《心理测量》的报告。他把报告内容写成论文，发表在北高师办的《教育丛刊》第一卷上，被当时学界称为心理测验在中国的第一声。在他的提议下，北高师率先将心理测验列为入学考试科目之一。

正是由于到北京女子高等师范学校兼课，使外公有缘结识了该校国文部女生程俊英。程出身书香门第，父亲程树德是我国著名法律史学家，上世纪初考取举人，由清廷公派赴日本法政大学留学，归国后任翰林院编修。辛亥革命后，程树德任北京大学、清华大学教授。其代表作《九朝律考》被翻译成多国外文，是研究中国法律史不可或缺的重要文献。正是在这种家庭环境的熏陶下，程俊英少有大志，好读书，于1917年考取北京女子高等师范学校，跻身中国第一批女大学生的行列。期间，她受到李大钊、胡适、周作人、胡小石、刘师培、黄侃等先生的教诲，深受新思潮影响。胡适先生给这些女大学生讲授"中国哲学史"，讲义是用崭新的白话文写的；李大钊先生讲"社会学"和"女权运动"两门课，使程俊英初步接触到马克思主义理论，了解世界劳动妇女争取自由平等的现状。在李大钊先生的带领下，她积极投身"五四"运动，与该校庐隐、王世瑛、陈定秀等另外三位女性，并称为五四"四公子"。她还参加了李大钊先生执导的话剧《孔雀东南飞》的演出，饰演剧中女主角刘兰芝。这是一部反抗封建礼教，

五四"四公子"
左起：陈定秀、程俊
英、王世瑛、庐隐

程俊英（左）与女高
师同窗庐隐（中）、
罗静轩（右）（摄于
1921年）

1920年11月，北京
女高师国文系欢迎
胡小石（中排右
四）来京。
前排左二为程俊
英，中间正面戴礼
帽者为李大钊，中
排右一为张耀翔

争取婚姻自由的戏剧，剧中台词缠绵悱恻，许多观众看了都流泪不止。

一次，教务处邀请张耀翔作公开演讲，谈《心理测量》，让程俊英担任记录。会后，程将记录稿送交主讲人审阅。教授对这位相貌秀丽，且超凡脱俗的女学生一见倾心，展开了猛烈的追求。最后，两位誓以尽瘁教育为终身职责的人终于走到一起，在知识界一时传为佳话。1923 年 2 月 12 日，外公、外婆在北京报子街聚贤堂举办了婚礼。前来祝贺的有近千人，多为教育界人士和学生。不少学界名人也来参加，如：李大钊、胡适、石评梅、庐隐等，可谓盛况空前。[1]

1921 年，南京高等师范学校举办暑期教育讲习会，外公担任"教育测验"和"教育统计"两门课的教学。讲习会结束前，学员们联名发起成立心理学组织，获得几位心理学教授的赞同，中华心理学会宣告成立。大家投票选举外公张耀翔为首任会长兼编辑股主任，陈鹤琴为总务股主任，陆志韦为研究股主任，廖世承为指导员，郇爽秋等为干事。这是中国第一个心理学会。

1922 年，外公发起创办了我国第一份心理学专业杂志——《心理》，并担任主编。这是当时东方第一种心理学刊物，比日本创办同类期刊还早一年。《心理》杂志第一期出版不到一个月就再版了，当时科学刊物在极短时间内再版的殊不多见。外国许多图书馆和大学纷纷来函订购。次年，日本第一种心理学杂志也问世了，其中译有外公的文章。那时外婆程俊英即将从女高师毕业，她们这些参加《孔雀东南飞》演

---

1 张素音《怀念母亲——程俊英教授》，《程俊英教授纪念文集》，朱杰人／戴从喜编，华东师范大学出版社，2004 年 12 月

张耀翔全家合影 前排为夫人程俊英（左二），长子正奇（右一），次子正雄（左一），后排长女继音（右），次女纯音（中，作者母亲），幼女素音（左）（摄于1941年）

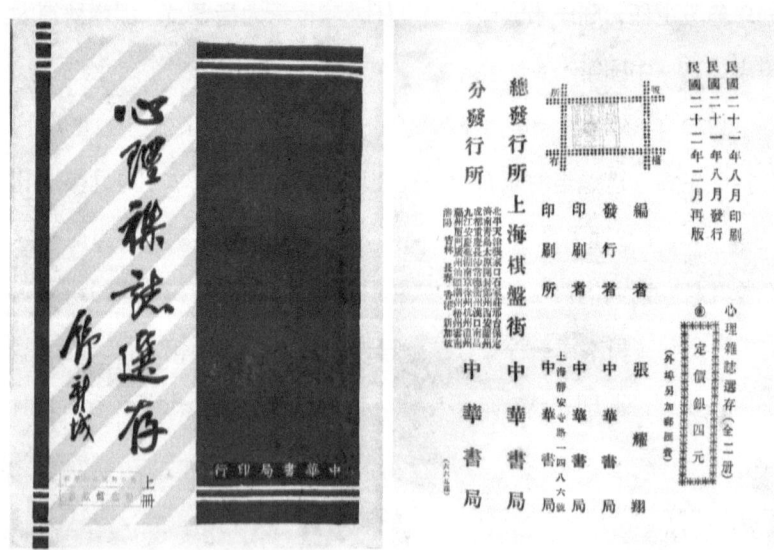

张耀翔编《心理杂志选存》（上、下册，1932年）

出的同学，用售票款做经费，集体赴日本参观。她在好几所大学的图书馆展示台上，都看到外公主编的《心理》杂志，感到无比自豪。

外公作为杂志主编，在选择文章时采取"认文不认人"的原则，虽名家所写，但水平不够者不录；有独到见解，则学生之稿亦登。当时学者，如：梁启超、陆志韦、陈鹤琴、廖世承、谢循初、艾伟等都积极参加撰述，外公本人也先后在该杂志上发表了 29 篇论文。他在"创刊号"上发表的《中国学者心理学之研究》一文，将过去 16 种著名杂志中有关心理学的 113 篇论文编成索引，并摘要介绍，使研究心理学的人深感便利，开创了我国论文索引之先河。[1]

《心理》杂志在当时备受读者欢迎，对心理学在我国广泛传播，起了重大作用。它的印刷费靠心理学会会员，每人每年交两元会费来维持。会员虽每年都在增加，但分散在各地，会费不易收齐。外公全力支持《心理》杂志，印刷费用不足部分，由他自掏腰包补齐。不过，个人收入毕竟有限，而学校又年年闹欠薪，由于经费艰窘，这个刊物出了十四期就停刊了。为了使更多的心理学爱好者读到有关论述，外公于 1932 年从该杂志中选出五十篇论文，辑成《心理杂志选存》，分上、下两册由中华书局出版。

外公是我国第一个提倡新法考试者。所谓新法考试就是今天国内外广泛运用的判断正误法和选择答案法，这些方法在上世纪二十年代初的中国，却几乎无人知晓。1922 年，外公在《教育丛刊》上相继发表了关于"新法考试"的三篇文章，介绍各种新法考试的格式、编

---

1 张耀翔《我的教学生活》,《心理季刊》, 1937 年

制方法、计分方法及实施规则。文中总结了旧法考试的诸多弊端，如：旧法考试多以作文和问答为主，这种考试法对学生来说有三种痛苦：

（1）预备功课时死记的痛苦；

（2）临考时搜索枯肠，无病呻吟的痛苦；

（3）考试后盘算自己的答案合不合乎教师的心意，疑惧自己能不能得到好分数的痛苦。

新法考试能减去第一种痛苦的大半，完全免去第二、第三种痛苦。正误法：答对者得分，答错者倒扣分。倒扣分使学生不能抱有侥幸心理，必须对问题有十分把握才答，对没有把握的可以不答。如果对这门课没有充分复习和准备，完全乱猜，则对、错相互抵消，仍得零分。而且，正误法和选择答案法，对就是对，错就是错，可避免判分的不公平，也可以让学生自己判卷或交换判卷。[1]

河南教育厅厅长李步青读了外公的文章，颇以为然，接连写来好几封信，详细询问具体操作方法。他在国内最先实施了新法考试，之后又详细告知外公新法考试在该省的实施情况。[2]

外公也是我国最早搞民意调查的人。1922 年，北高师为庆祝建校 14 周年举办成绩展，当天有一千多宾客前来参观，都是学界人士。为了了解舆论动向，外公组织学生给每位来宾发一份问卷，上面有八个问题，请他们回答。事后共收到答卷 931 份。他根据调查结果，写了《民意测验》一文，刊登在《心理》杂志二卷一号上。这八个问题

1　张耀翔《新法考试》，《教育丛刊》北京高师，1921 年

2　张耀翔《我的教学生活》，《心理季刊》，1937 年

及调查结果如下：

1）假如你有选举权，你将推举谁做下任大总统？答卷中孙中山以压倒优势取得最多票，而当权的黎元洪、段祺瑞都远不及他。不可一世的吴佩孚只得 15 票，曹锟 8 票，张作霖 1 票；

2）你赞成女子参政吗？有 786 票答曰赞成，占 84%；

3）你最喜欢读的中国旧小说是哪一本？ 419 人答最喜欢《红楼梦》，其次是《水浒》、《三国演义》；

4）当今活着的中国人你最佩服哪一个？结果孙中山得票最多；

5）你相信宗教有存在的必要吗？结果三分之二以上的人认为没有必要；

6）中国有许多不良的风俗习惯，你觉得哪一样应当先改良？大部分答卷认为首先应当改良不合理的婚姻制度，其次是缠足与迷信；

7）北京地方上急当设立的是什么？大量答卷认为，急当设立电车，其次为工厂、平民学校；

8）北京地方上急当取缔的是什么？多数人认为北京地方急当取缔娼妓和欺压平民的警察。[1]

这个民意测验的结果，反映了经过"五四"运动的中国知识分子的思想状况，至今仍具有史料价值。其中"你选谁做大总统"一题，当时北方人民只知道黎元洪、段祺瑞、吴佩孚等人，对孙中山还不大了解，而调查结果却是孙中山先生得票最多。同事们都劝外公不要发表这项结果，免得触犯当局。但他认为民意是会受知识界意见影响

1　张耀翔《民意测验》，《心理》二卷一号，1923 年 2 月

的，那些尚未有见解的人或许能受到测验结果的启发，于是冒险在北京《晨报》上发表，谁得几票直接写明。不久之后，果然有身着军服的人来找他，质问这项民意调查的意图。多亏北高师校长陈宝泉先生出面说明，这纯属学术研究，才使外公免于囹圄。[1]

1923 年，北高师更名为北京师范大学，外公继续在校执教，同时兼任教育研究科（即研究生院）主任。他学贯中西，一向提倡"外国学问中国化"的治学原则，尤其重视挖掘我国古代心理学思想宝库。在教书和写作中，常用中国古籍中的例子解释西方心理学的一些观点，非常生动，深入浅出。例如他在《情绪心理》一书中谈到"一见钟情"，举了《西厢记》中的例子："张生一见崔莺莺，魂儿立刻飞到九霄云外去了。"再如，写人在发怒的时候，生理会发生变化，声音会变粗，甚至能使敌人恐惧。举了《史记》中的例子："项羽一怒，汉军皆披靡，人马俱惊。"在《论空间知觉》一文中，讲到俯瞰所产生的视错觉，举杜甫名句："会当凌绝顶，一览众山小"。

外公一生出版了四本心理学专著：《感觉心理》、《情绪心理》（1947）、《心理学讲话》（1945）、《儿童之语言与思想》（1948）；发表过 100 多篇论文。《心理学讲话》一书出版后，不到百天就再版了，半年后二版售罄，足见当时对心理学感兴趣的国人日益增多，这已经不再是一个冷门学科。外公的文章涉及范围很广，有些内容颇为有趣，如：《人生第一记忆》、《商人心理浅测——北京商店招牌用字》、《中

---

1 程俊英《耀翔与我》，张耀翔著《感觉、情绪及其他——心理学文集续编》（附），上海人民出版社，1986 年

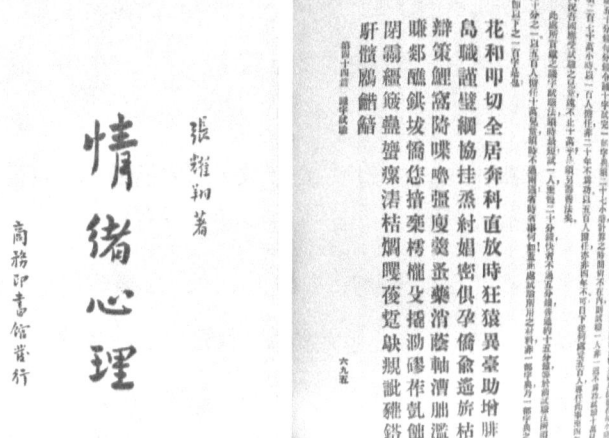

张耀翔著《情绪心理》　　　　　张耀翔识字测验

国历代名人变态行为考》、《论科举为智力测验》、《中国人才产生地
（清代进士之地理分布）》等。

外公对于了解国人识字多寡的问题很重视，1931 年编制了我国
第一个识字测验。他以当时商务印书馆出版的《增订放大实用学生字
典》为蓝本，采用随机抽样法，从该字典收入的 13,469 个汉字当中，
选取了一百个字，每个字代表 134 个汉字。这样，少则 5 分钟，多则
20 分钟，便可测出被试者的识字量。测验的方法是：先将试题中的
字依次写在一张纸上，然后问被试：这个字怎么读？是什么意思？如
果被试答对读音，并能说出该字的一个解释，或把它同其他字连成一
个词或一个句子，则该字就算作认识。外公用这个测验在北平八所学
校（从幼儿园到高校研究生院）进行了测试，并将研究结果写成《识
字试验》一文，发表在《心理》杂志上。据母亲生前回忆，当时上海

一些大公司招聘人员面试时，就用外公编的识字测验了解应聘者的文化程度。著名心理学家艾伟在他的《汉字问题》一书中，这样评价外公的识字测验："张氏对于识字量一问题 张耀翔编制的中国第一个识字测验力求解决，并广为宣传，在十数年前之中国，可谓科学界之先觉。"[1]

关于中国心理学的发展途径，他在1941年撰写的《中国心理学的发展史略》一文中，提出了九条著名建议：

（1）发扬中国固有心理学，尤指处世心理学，期对世界斯学有所贡献；

（2）恢复各大学原有心理系或教育心理系，并酌设心理学院及心理研究所，使斯学日益推广；

（3）编纂中国心理学辞典，使学者便于自修；

（4）奖励实验，并设心理仪器制作所，使各校易于备置；

（5）每年公费留学招考中，应设心理学名额，使专治斯学者有深造之机会；

（6）多介绍西洋心理学名著，使国内研究者常有新的参考资料；

（7）多从事创作及专题研究，使斯学日益进步；

（8）创办分科心理学杂志，例如社会心理学杂志、变态心理学杂志等等，使各处研究结果得随时作有系统的发表；

（9）竭力提倡应用心理学，尤指工业心理、商业心理、医药心理、

1　艾伟《汉字问题》，中华书局，1947年

法律心理及艺术心理,以应各方之急需。"[1] 他的精辟见解,至今仍具有现实意义。

1928 年,北师大闹欠薪,外公与另外几位教授抗议无果,只得辞职。此时,上海大夏大学聘请他,于是举家南迁。次年,他应暨南大学约请,同时在暨大与大夏两所大学任教,并兼任暨大教务长。

外公全心致力于教学、研究工作,不参加任何党派,认为官场太肮脏。1934 年,国民党上海市当局想拉他参政,官方派人前来游说,请他加入国民党,被他婉言谢绝。次年秋,暨大招生。在考场上,教务员发现有一个男的代替女生参加入学考试,外公立即让他离开考场。这时,暨大附中一个党棍突然拔出手枪,对着外公,坚持让代考者考下去。校长闻讯赶来处理此事。外公感觉在此事件中受到极大侮辱,愤然辞职。经校方再三挽留,他还是辞去了教务长一职,仅肯继续担任教授。后来许多学生在背后议论说:"张老师就是因为拒绝入国民党,才遭此厄运。他的骨头真硬!"[2]

国破山河在

1941 年,正值抗战期间,上海沦为"孤岛",暨南大学南迁至福建建阳。外公因大舅患肺病,不能一同前往。后来,他到沪江大学任

1　张耀翔《中国心理学的发展史略》,《学林》,第一辑,1941 年

2　程俊英《耀翔与我》,张耀翔著《感觉、情绪及其他—心理学文集续编》(附),上海人民出版社,1986 年

教，并在大夏和光华两所大学兼课，外婆则在私立培成女中教书。

那时期通货膨胀严重，物价一日数变，个别教授甚至靠摆摊儿过活。外公、外婆两个人的薪水合在一起，不够买一担米，很难维持八口之家的生计，更何况家中还有个病儿。他俩拼命到处兼课，外公累得体重减了三十多斤，还是入不敷出。无奈之下，外婆忍痛卖掉了自己珍藏多年的《四库备要》和《图书集成》等书籍。即便如此，他们也不为高官厚禄所动。同事中有的当了伪国大代表做了官，有的丧失民族气节成为汉奸。他们对此极为鄙视，立刻与其绝交。[1]

当时留在上海的，还有暨南大学文学院院长郑振铎。他是外婆程俊英"五四"时代的老朋友，这时期跟外公、外婆过往甚密，常约他们到家中品茗闲谈，参观他藏书楼中的各种书籍、文物。他也每天必到外公他们这边来，彼此拳拳，互以"保持民族气节"相激励。

郑振铎先生是位杰出的爱国主义者和社会活动家。就在许广平被日本宪兵抓走的第二天，他来到外公家，焦虑地说："外面风声很紧，敌人到处抓人，我不能呆在家里，先在你这儿过一夜，然后再想办法找个藏身之所。"外婆一听赶紧打扫亭子间，换上干净被褥，同时张罗晚饭。外公也诚恳地说："您就长住在这儿吧。我家阳台上有一堆乱七八糟的东西，可以藏身。汉奸×××找我开会，我就是躲在那儿混过去的。如果有人敲门，您也往那儿藏，很安全的。"郑公大受感动，说："你们如此殷勤招待，使我感激涕零。可我不能连累知

1　程俊英:《耀翔与我》,《感觉、情绪及其他——心理学文集续编》(附), 张耀翔著, 上海人民出版社, 1986 年)

己……"次日凌晨，他还是悄悄走掉了。[1]

作家、文学家郑振铎

郑振铎先生还是个渊博的学者，涉足的学术领域十分广阔。抗战期间，他养成了收集古籍和文物的癖好，俨然是一位收藏家。他有时购得珍贵古籍，如：四函善本《金瓶梅》等，家里藏书楼实在放不下，就寄存在外公的书斋里，直到抗战胜利才陆续取回。

一次，郑振铎拿来一份报纸给外公他们看，上面刊载美国国会图书馆东方部主任赫美尔的谈话："中国珍贵图书，现正源源流入美国，举凡稀世孤本，珍藏密稿，文史遗著，品类毕备。国会图书馆暨全国各大学图书馆中，均有发现。凡此善本，输入美国者月以千计。即以国会图书馆而论，所藏中国图书，已有两千万册，为数且与日俱增。……"他气得脸通红，说："是可忍孰不可忍！将来我们欲研究孤本秘籍，还要到国外去找，岂非中华民族的奇耻大辱！我们合力买古书，阻止外流如何？"当时在座的还有暨大教授周予同，他长叹道："买书我是赞成的，可哪来的钱呢？"郑公瞪着眼，久久无言……从那之后很长一段时间，他都情绪低落，郁郁寡欢。

1 程俊英《回忆郑公二、三事》，《程俊英教授纪念文集》，朱杰人/戴从喜编，华东师范大学出版社一次，他兴冲冲地赶来，说买到了《脉望馆钞校古本今杂剧》。他说："这部书是国宝，其中包含了二百四十二种元明杂剧，共六十四册，几乎每种都是可惊的发现……我患得患失地失眠了三夜，生怕它流入异国，终于以九千元成交。"外公、外婆听了，深为郑公那热爱祖国文化的痴情所感动！[1]

1945年，抗战胜利，举国欢庆。此时，大舅张正奇肺部的结核菌经脊椎传到大脑，病入膏肓。外公悲伤欲绝！为了挽救爱儿生命于万一，他找到停泊在上海吴淞口岸的美国军舰，说明情况，要求见船上的军医。军方出于人道考量，允许他登舰。外公向军医咨询，国外有没有发明什么新药，能救孩子一命。医生遗憾地告诉他，到目前为止，结核病还是人类尚未攻克的医学难题，表示无能为力。不久之后，年仅18岁的大舅就去世了。仅仅过了两个月，用于治疗结核病的特效药链霉素问世。外公为爱子没能等到这一天，痛心不已……

壮志未酬

1949年5月25日，上海解放。据母亲生前回忆，那天清晨他们推开窗子，看到很多当兵的抱着枪，睡在马路两旁的便道上，墙上贴着"三大纪律八项注意"的布告。弄堂里的男女老少纷纷出来慰劳，外公也提了一壶开水，挤在人群当中，可战士们都坚决不喝。外公大

---

1 程俊英《怀念郑振铎先生》，《程俊英教授纪念文集》，朱杰人 戴从喜编，华东师范大学出版社，2004年12月

受感动，对家人说："抗战期间我回老家探望舅父，他靠养鸭为生，可鸭子都被兵匪抢光了。好容易盼到抗战胜利，美国兵却在上海调戏妇女。纪律严明的解放军与这些军队相比，简直有天壤之别。他们给我的印象实在太好了，跟斯诺在《西行漫记》中所描述的完全一样。中国有希望了。"[1]

在寓所前 左起：张纯音（作者母亲），程俊英，张耀翔（摄于1950年代初）

外婆生平最敬仰李大钊先生，她也为恩师的未竟事业得以实现欣喜不已！

1950年，外公在上海复旦大学任教。次年，大学院系调整，复旦教育系调到上海华东师范大学。于是外公、外婆两人都到华师大教书。1955年，外公任华东师大教育系主任，同时担任中国科学院心理研究所特约研究员、中国心理学会上海分会理事。此时的他，以拳拳报国之心，准备在事业上大干一场。

可是到了1958年，他为之尽瘁近四十年的心理学，竟被定为资产阶级反动学科，他本人也遭到批判。尽管如此，外公依然满怀希望，经常向家人抒发他对心理学各种问题的见解，认定这是一门深具实用价值的学科，定能为祖国建设服务。

---

1 程俊英《耀翔与我》，张耀翔著《感觉、情绪及其他——心理学文集续编》（附），上海人民出版社，1986年

外公最大的心愿，是在有生之年修中国心理学史。他过去发表的《中国心理学的发展史略》一文，就是这个计划的雏形。他在这篇文章中指出："中国古时虽无'心理学'名目，但属于这一科的研究，则散见于群籍，美不胜收。不仅有理论的或叙述的心理研究，且有客观的及实验的研究。不仅讨论学理，且极注重应用。他们称这种研究为'性理'为'心学'"。[1]

为了发掘中国古代心理学思想的宝库，外公孜孜不倦地花了十几年功夫，整理中国古书中有关资料多达 20 万字，还撰写了若干篇论文，然而却发表无门。

1963 年 1 月，外公 70 岁，这也是他与外婆结婚 40 周年纪念。此时的他，因中风而半身不遂已三年，身体每况愈下。他自知来日无多，紧握外婆的手说："我们二人共同生活在二十世纪不平凡的岁月里，是幸福的。所恨者，我未能编出《中国心理学史》一书，不能整理旧作，不能陪你欢度晚年……" 1964 年 7 月 9 日，外公带着遗憾离开人世，享年 71 岁。

"文革"后期，我到上海探望外婆。看到年迈体衰的她独居陋室，甚是凄凉。屋里除了一床、一桌、一个破旧的单人沙发外，就是满架子的线装书。

外婆程俊英"文革"前任上海华东师大中文系教授、副系主任。她国学功底深厚，在先秦文学研究领域颇有建树。"文革"中，她惨遭迫害，被迫退休。她告诉我，"文革"初期，打、砸、抢横行，华

1　张耀翔《中国心理学的发展史略》，《学林》，第一辑，1941 年

东师大校长常溪萍和多位教授死于非命，她自己也被打成"反动学术权威"。红卫兵到处抄家，她的住所时刻面临被抄的危险。在极度恐惧中，她含泪一把火烧掉了外公的全部手稿；还给上海造纸厂打电话，让他们把外公的藏书拉走。外公生前酷爱藏书，家中有专门的藏书阁，题名"望海居"。他读书涉猎面甚广，不仅局限于心理学，古今中外、九流杂家，连诗、词、曲、小说都看。他的遗藏大部分是精装英文书，外公生前几乎每本都认真读过，并在空白处写下许多眉批。由于要处理的书量太大，造纸厂派卡车来拉。可人家看了那些书不愿意要，说他们回收旧书的目的是用来打浆做草纸的，那些洋装书上的硬壳封面不能打浆，得先拆掉才能卖。万般无奈，外婆只好自己一本本撕去书上的封皮，心里在淌血……最后，那些堆积如山的"书瓤"称斤卖，总共竟有四吨之多！外婆说到这儿懊悔不已，为外公花毕生心血之收藏毁于一旦，而痛心疾首！她长叹一声："当年郑公（郑振铎）为避免珍贵文献流到海外，倾其所有；可我却这样大肆毁书，造孽啊……"

劫后重生

"文革"结束后，1978 年底，中国召开了心理学会第二届年会，心理学作为一门学科被恢复了名誉。与此同时，外公的工作也受到肯定。此后数年，母亲协助外婆整理外公旧作，分别于 1983 年和 1986 年出版了张耀翔《心理学文集》和《感觉、情绪及其他—心理学文集

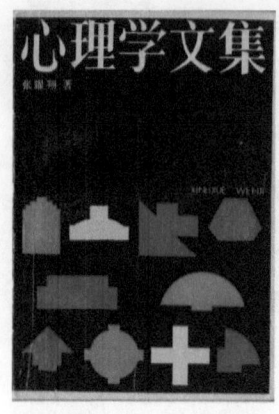

张耀翔著《心理学文集》
《心理学文集续编》

续编》，以此告慰外公在天之灵。

1978年，年近八旬的外婆，应华东师大古籍研究室邀请，再度出山。为了夺回失去的时间，她拼命工作——带研究生、著书立说。先后撰写了《诗经注释》、《诗经漫话》、《诗经选译》等著作，受到海内外学术界的推崇，公认她是《诗经》学权威。更令人惊叹的是，90高龄的她，还与青年女作家蒋丽萍合作，根据自己的亲身经历，写下长篇小说《落英缤纷》。该书问世后引起了强烈反响，读者纷纷来信，表示钦佩和欣赏。

外婆程俊英于1993年2月20日病故，享年93岁。

外公张耀翔是最早将西方现代心理学介绍到中国的人。作为开拓者，他从1920年回国到1964年病逝，把自己的全部精力贡献给我国心理学教学、科研和普及工作。他虽然没能实现晚年的心愿—修中国心理学史，然而他一生的经历，他的生前、身后，恰似一部中国现代心理学发展史，留在人间。

另类大院儿的故事

1949 年，北平被新政权定为首都。大批干部、军人、文教人员从全国各地汇集而来，以胜利者的姿态接收了这座城市。一些大部委在狭小的内城选中了心仪的办公场所；更多的部队和机关单位，则把目光投向老城墙以西，建起成片的办公楼和宿舍区，并在四周修起围墙，一个个大院儿就这样诞生了。

这些大院儿内衣食住行各种设施一应俱全，其中居民又都有相近的社会背景，严然形成了一个个半封闭又自视优越的小社区，由此催生出一些不同的大院儿文化。

本文所讲述的大院儿比较另类，是中国科学院哲学社会科学部大院儿，简称"学部大院儿"，坐落在建国门内大街 5 号。

学部是中国社会科学院的前身，隶属中科院。"文革"前，学部有经济所、文学所、外国文学所、哲学所、历史所、法学所、语言所、民族所、宗教所等 14 个研究单位，2000 人左右。别看人数不多，却汇集了当时人文领域一批顶尖学者，堪称 20 世纪中国文科最高学术机构。

1972 年 7 月，学部从办在河南的干校迁回北京。很多人由于在下放前把家里的公房退了，回来没地方住，于是院部就安排他们和家属住在学部大院7号楼和8号楼。我家也是其中之一，住在8号楼二层。

这是两栋两层的筒子楼。8号楼过去是招待所；7号楼则是办公楼。虽然这两座楼质量还行，但用做住宅条件却不尽如人意。当时分给每家的只有一个12平方米的房间，没有厨房，厕所和水房也都是十几户合用的。大院儿里有个食堂，设在历史所小礼堂。可天天吃食堂也不是办法，住户大多自己开火做饭。人们在楼道里支起煤气灶，堆放厨具、餐具、蔬菜、垃圾，杂乱肮脏且拥挤不堪。到了夏天，水房又变成了洗澡间。8号楼住户商量决定在水房门口挂块牌子，每天有固定冲凉时间，女同志每周一、三、五；男同志二、四、六。

落魄文人

别看学部大院儿居住条件差，蜗居里却藏龙卧虎。其中有后来家喻户晓的钱锺书、杨绛夫妇；被誉为20世纪中国最伟大的思想家顾准；著名思想家、文学家刘再复；著名哲学家、翻译家贺麟；基督教专家赵复三；文革史学家严家其，以及改革开放后活跃在各个人文科学领域第一线的众多学者。

钱锺书与杨绛在学部大院

住户的人员构成，决定了这个大院儿与众不同。人们普遍崇尚高学识，而不是参加革命早或职位高。那个时候钱锺书先生的小说《围城》尚未拍成电视剧，社会上很少有人听说过他。可在学部大院儿，大伙都知道他和夫人杨绛学问大，对他们敬佩有加。

那会儿还在"文革"期间，知识分子是改造对象，被蔑称为"臭老九"，排在"地、富、反、坏、右、叛徒、特务、走资派"之后第九位，地位极低。甭管是龙是虎，也得夹着尾巴做人。

1972 年秋，清查"五一六"运动已经到了尾声，大院儿中一些有识之士开始恢复读书、做学问。母亲的老朋友顾准伯伯每天都去北京图书馆看书、写读书笔记。他有一个庞大的研究计划—撰写《东西方哲学思想史》。目的是通过厘清世界历史脉络，从而揭示人类未来的发展方向；他还指导包括母亲在内的几位中年研究人员，阅读并翻译国外最新经济学论文。

钱锺书先生则撰写他那笔记体的鸿篇巨著《管锥编》；还负责与几位学人一道，将毛主席诗词译成英语。这项工作始于六十年代初，"文革"爆发后中断，直到学部从干校迁回北京才得以继续。那时各个研究所虽然不坐班，但要求工作人员每周二、五到所里参加政治学习、开会、搞运动。钱先生则是个例外。他说翻译只能在家做，所领导和工宣队都知道这项工作通天，谁也不敢惹他，只好让翻译小组成员倒过来，每隔几天到钱先生家"上班"。

杨绛先生又从头翻译塞万提斯的小说《堂吉诃德》。为何要重新翻译？说来话长。这部名著虽然在此之前已经出版过多个翻译本，但都是从英译本转译的。作者塞万提斯是西班牙人，原著是用西班牙语写的。以前出的几个版本，都是从英文版译成中文的，经过两道翻译，文字在很大程度上已经失真。为了使国人能读到原汁原味儿的名著，她决心将这部书从西班牙文直接译成中文。这项工作从 1961 年开始。然而 1966 年"文革"爆发后，她家被抄，已经译好的那部分稿件在混乱中遗失，极为可惜。

关于钱锺书夫妇为何要住在学部大院儿，坊间有这样一则传闻：他们夫妇于 69、70 年先后下干校，将房子交给保姆照看。可没想到的是，等他们回到北京，发现保姆在那套房子里结了婚。害得老两口没地方住，只好搬到学部大院儿。

当时我就觉得这个说法太离奇，天下哪儿有这么霸道的保姆？直到多年后读了杨绛先生的一篇回忆文《从"掺沙子"到"流亡"》，才知道他们离开原住所另有原因。

钱锺书先生与夫人杨绛住在七号楼一层，他们家的后窗正对着我家的前窗，夏天他们常打开后窗通风。我弟弟是智障者，不懂事，有时在家里拉开喉咙放声高歌。每当这时，钱先生家的后窗很快就会关上，可他们从来不找我家提意见。一次我在大院儿里碰到钱锺书先生，他操着带有浓重无锡口音的普通话，半开玩笑地对我说："令弟的歌喉不错啊！"听得我差点儿憋不住笑出来。

那时每到傍晚，我和母亲都在院子里散步。一次，遇到同在散步的钱锺书夫妇。钱先生身着灰色中式外套，戴副黑边眼镜，和气、幽默。母亲问钱先生主席诗词翻译工作进展如何？他叹了口气说："唉，别提了。有人水平太低，竟然把《念奴娇·鸟儿问答》中'不须放屁'译成'Stop your windy nonsense'（停止你带风的胡说八道）。这种中国式英语，外国人能懂才叫怪事。我真想对他的翻译大喝一声：'Stop your windy nonsense！'"写到这儿，笔者不禁哑然失笑，好奇这句话后来究竟是怎么译的？上网一查才发现，1976年出版的《毛主席诗词》英译本中，这句话竟然一字未改，依旧是钱先生当年痛斥的蹩脚译文！难道他有什么难言之隐？ 为何明明知道译得不对，却不指出？

那几年我在自学英语。作为练习，尝试翻译巴哈曼著《小提琴百科全书》（An Encyclopedia of Violin）。该书在"小提琴起源"一节中，讲到小提琴的历史最早可以追溯到公元10世纪。在阿拉伯出现一种叫雷贝克（rebec）的弓弦乐器，那就是小提琴的前身。作者为了证明自己的观点，引用了一首希腊文小诗。虽然只有短短四句，可我却完全看不懂。拿给母亲看，她也不懂，让我去请教钱锺书伯伯。我那时对他非常敬畏，根本不敢敲他家的门。母亲却说："不要怕。孟子云：'人皆可以为尧舜'。意思是说：人人都可以通过自己的努力成为尧、舜那样的贤人。不要把尧、舜当成神，他们是跟你一样的人。钱伯伯的学问确实很大，但在人格上跟你是平等的，相信他不会拒绝你的求教"。

于是我鼓足勇气去找钱伯伯。他果然很热情，问明来意，当即拿出纸和笔，边读那首诗边写，不一会儿就译成了四句合辙押韵的中文诗。伯伯说："既然原文是一首四句短诗，译成中文也必须是一首四句诗，而且要符合中文诗的韵律。文体一致是翻译的原则。

要知道原诗可是用古希腊语写的呀。古希腊语与现代希腊语有很大不同，许多古词都消失了，语法也比现代希腊语复杂得多。这首诗即便让当代希腊人看也未必能懂，更何况一个外国人！可钱先生不借助词典就能这么快译出，令人佩服之极！

患难见真情

与钱锺书家隔两个门，住的是文学所谢蔚英女士和她的两个女儿。傍晚时分，谢阿姨常带女儿一起在院子里散步。两个女孩儿都长得非常漂亮。特别是姐姐吴同，高高的个子、白皙的皮肤、配上她那超凡脱俗的气质，美到令人惊艳！

吴同长我一岁，1953 年生人。当时我对她羡慕得要死，一是人长得漂亮；二是她每天都去钱家，据说是给杨绛当助手。母亲私底下对我说："谢阿姨真聪明，让吴同给杨先生当助手，这是多好的学习机会呀！杨先生肯定是看中了吴同英文好，否则不会找她。你一定要好好向她学习"。母亲还说："这姐妹俩的名字起得好。'吴'这个姓不容易起名。比如有人叫吴德，谐音就成了德行不好。而她俩一个叫吴同；一个叫吴双，都是举世无双的意思，实在太妙了。这一定是她们的父亲吴兴华给起的名，大才子嘛！"

说起吴兴华，现在几乎无人知晓。英年早逝的他是一位才华横溢的诗人、学者、翻译家。他少年早慧，不到 16 岁就考入燕京大学西语系，同年发表长诗《森林的沉默》，轰动诗坛。他学贯中西，通晓英、法、德、意等多种语言，还精通拉丁文、希腊文，是将乔伊斯的《尤利西斯》介绍进中国的

现代文学家、翻译家、诗人吴兴华

第一人。他翻译的但丁《神曲》和莎士比亚戏剧《亨利四世》，被翻译界推崇为"神品"。大学问家王世襄说："如果吴兴华活着，他会是一个钱锺书式的人物"。

吴兴华与家人最后一次合影（摄于1965年）

吴兴华才华横溢，命运却令人扼腕。1957年，在北大任教的他，只因提出"苏联专家的英语教学法不一定适合中国"，就被打成"北大西语系第一右派"。两年后遭降职、降薪，踢出讲堂。

1966年"文革"爆发，他更是在劫难逃。连日被抄家、批斗，大字报里三层、外三层，一直贴到家门口。8月2日，吴兴华在校园里被红卫兵殴打，按着头强迫他喝下附近一家化工厂排出的有毒污水，还有人把他的头按在刷大字报用的浆糊桶里。他很快昏了过去。可在场的"红卫兵小将"却说他装死，不准送医。直到晚上，看他还起不来，才把他送到北大校医院。待家人闻讯赶来，只见躺在过道里的吴兴华脸色发紫，知觉全无。妻子喊丈夫、女儿叫爸爸。可这位年仅45岁、才华盖世的学者，却再也没有睁开眼……

去年一次偶然的机会，见到了阔别四十多年的吴同姐和她的母亲。回首往事，才得知很多当初不了解的情况。

吴同的父亲吴兴华与钱锺书先生的友情源远流长。早在1940年代，钱先生所著《谈艺录》问世，在学术界引起不小的震动。然而，这是一部阳春白雪之作，曲高和寡。当时燕京大学青年教授吴兴华读了这本书后，给钱先生写信提了一些意见。钱先生看了非常认可，完全采纳了他的意见，对书中相关内容做了修改。钱先生对这位小他12岁，却学富五车的后生非常欣赏，从此开启长达20年的忘年交。而吴兴华也因此获得了"小钱锺书"的雅号。

1952年，大学院系调整，燕京大学英文系并入北大西方语言文学系。刚刚三十出头的吴兴华便被任命为北大西语系英语教研室主任。他家与钱锺书家都住在北大中关园，是近邻。那时钱先生常来吴家做客，每次到访都会跟吴兴华在书房里天南海北、古今中外地畅谈。据吴同回忆："那个时候还没有计算机和搜索引擎，去图书馆查资料很不方便。钱伯伯有时想起一个翻译上的问题，就来找我爸爸询问出处。而爸爸总能给他一个满意的回答。记得有一次钱伯伯来我家，临走时爸爸把他送到门外。当时我正在门口玩儿，就听钱伯伯对父亲说：'兴华，你可真了不起，不到20岁就超过我了'。很多年后我才意识到，恃才傲物、眼高于顶的钱锺书这句话的分量"。

钱锺书先生于1988年去世。后人对他的评价褒贬不一。当然，赞扬者居多；但也有个别人说他恃才傲物、讲话刻薄。甚至有人对他的学术成就提出质疑。对于钱锺书先生的为人，从小就跟他认识并有很多交往的吴同是这样描述的：

> 钱伯伯是那种锋芒毕露的人，喜形于色、爱憎分明。他眼里不揉沙子，对看不惯的人和事会直接说出来。因此得罪了一些人，其中不乏声名显赫的学者。
>
> 从干校返回北京后，钱伯伯闭门谢客，整天埋头学问。邻居

们曾多次见到有小轿车来接钱伯伯赴会或赴宴，都被他婉拒。某些位高权重的贵客到访，也难免吃闭门羹。一天，有关部门派人来通知钱伯伯去参加国宴，可他不想去，于是就直接说："我很忙，我不去！"来人说："是江青同志点名要你去的！"钱伯伯还是坚持说："我不去，我很忙！"这充分显示伯伯生性高洁、厌恶官场应酬的铮铮傲骨。可我每次从外地回京探亲登门拜访，他们夫妇却像见到久别重逢的女儿似的那么高兴！立刻放下手上的书卷，嘘寒问暖……

钱伯伯经常跟我谈起父亲，为其生不逢时、英年早逝而扼腕叹息。他说父亲是他的"钟子期"，哀叹"钟期既逝，奏流水以为何人？"言语间流露出这位学识渊博的长者对昔日友人的一片深情。

"文革"初期，父亲吴兴华含冤离世。母亲在学部文学所工作，跟钱伯伯是同事。当时她也在挨整，工资被扣，每月只能领到32元生活费。孤儿寡母，生活陷入困境。而此时钱伯伯已被打成"反动学术权威"，造反派勒令他在学部大院儿劳动，和几个'牛鬼蛇神'一道拔草。就是在这种情况下，伯伯几次趁看管人员不备，悄悄对母亲说："蔚英，生活上有困难尽管告诉我，千万别客气"。寥寥数语使母亲感动得泪流满面。对于遭受丧夫之痛的她来说，这是多么大的安慰呀！

1972年夏，学部从干校迁回北京，钱锺书夫妇与我家又同住在学部大院儿7号楼一层。这是我们两家第二次做邻居了。此时，父亲吴兴华已去世6年。钱伯伯是个特别念旧的人，对我家的处境极为同情。几次想接济我们，都被母亲婉拒了。她是个要强的人，每次都说不需要。还是杨绛先生有办法，提议让我给她做助手，这样就可以名正言顺地给钱了。那时我每天帮杨先生誊写《堂吉诃德》翻译稿。她给我的报酬远远超过实际劳动所得，时不时给个20、30、甚至40块钱。要知道这在当时是很大一笔钱。对于生活极其窘迫的我家来说，帮助实在太大了！

听到这儿我非常受感动。作为过来人，深知在那个年代，很少有人敢跟挨整的人来往，生怕受到牵连。

接下来，吴同回顾了自己青少年时代的生活。1969年，刚满16岁的她，去了黑龙江生产建设兵团，在那儿接受"再教育"，前后长达9年。在冰天雪地的北大荒，她一年到头干重体力劳动，脸上、手上长满了冻疮。由于出身不好，经常受人欺负，遭受的磨难几天几夜也说不完。直到大多数人都返城了，她才回到北京，被安置办分配在一家做橡胶手套的街道小厂上班。那个厂用的化工原料对身体有害。可为了生计，每天都得忍者刺鼻的味道干活儿。谈到父亲，吴同说这

吴同在黑龙江生产建设兵团
左：吴同　中：谢蔚英（吴兴华夫人）　右：徐方（作者）

是她一生挥之不去的痛。为了给父亲争气，她拼命读书。1977 年恢复高考，她一举考上北京外国语学院。1985 年获全额奖学金，赴美国宾夕法尼亚大学读研，现在约翰．霍普金斯大学任教。

扭曲的人生

近年来，常有人谈起"两头真"现象。所谓"两头真"，指的是在抗日战争或解放战争期间参加革命的知识分子老干部。当他们还是热血青年的时候，苦苦探索救国之路。为了反抗外敌入侵，为了建立一个自由、民主、繁荣昌盛的新中国，不顾一切地参加革命、入了党。那时他们为了实现远大理想，真心实意地奋斗，这是"真"的一头。然而新中国成立后，社会却朝着背离他们当初的理想方向发展。民主革命的大敌——封建专制主义死灰复燃、泛滥成灾。他们当中很多人在历次运动中成了"革命"对象。这使他们陷入迷茫，开始怀疑自己当初的选择。这批人到了晚年逐渐觉醒，利用仅有的一点点空间，为国家自由民主而大声疾呼。此时，他们的所作所为也是真心的，这是"真"的另一头。"两头真"代表人物有：顾准、李锐、李慎之、鲍彤、杜导正、谢韬等。当年在学部大院儿 8 号楼，我也曾遇到过这样一位邻居。

一次，我在水房里练琴。为了不打搅别人，在琴码上夹了一个沉甸甸的金属弱音器，琴发出的声音像蚊子哼哼。这时有个 50 岁上下的伯伯来水房洗衣服。他看上去儒雅博学，说话慢条斯理的。他站在我身旁听了一会儿说：这样拉琴声音不好，你把弱音器摘了吧。我说怕邻居有意见。他说没关系，就一会儿。于是我摘下弱音器奏了一曲。

那是我第一次不带弱音器在水房拉琴，空荡的房间像个巨大的音箱，使琴声显得格外柔美明亮。伯伯完全沉醉其中，嘴里喃喃地说："《莫扎特第三小提琴协奏曲》，真好听！"我深感意外，学部虽说文人荟萃，却从来没有遇到过对音乐如此内行的人，于是兴致勃勃地跟他攀谈起来。他说特别喜欢古典音乐，谈到海顿、巴赫、莫扎特等作曲家及他们的作品，娓娓道来，如数家珍。我对这位伯伯充满了好奇，事后向住在斜对门的情报所李黎阿姨打听他的情况。李阿姨说："他叫赵复三。以前是地下党员，解放后做了牧师，"文革"前调到学部宗教所，是基督教问题专家"。共产党员、牧师、基督教研究者，这些相互矛盾的身份，使我感到困惑。

我们从小受到的教育是："宗教是麻痹人民的精神鸦片；帝国主义者披着宗教外衣，以传教的名义对我国进行文化渗透。很多牧师实际上是美国特务"。带着满腹狐疑，我问母亲："共产党不是讲无神论吗？那地下党员怎么后来会成为牧师呢？赵伯伯现在研究基督教，他到底是信教还是不信教呢？"我这一连串问题显然使母亲感到颇为棘手。她想了想说："按理说他应该不信教"。她进一步解释道："信教就是对某种超越世俗的存在，坚定不移地相信。因此，凡是信教的人都不会去研究自己所信的宗教。

母亲接下来告诉我，解放前在上海一些名牌大学里，共产党地下组织特别活跃。她所就读的上海交大就是中共的"红色堡垒"，很多同学都加入了地下党。估计赵伯伯就是上大学时入的党。

后来我才了解到，赵复三伯伯毕业于上海圣约翰大学。那是一所美国人办的纯英语教学的教会学校，他读的专业是哲学与神学。新中国成立后，他先后出任中华圣公会牧师，北京基督教三自爱国运动委员会副主席，燕京协和神学院教务长，中华圣公会华北教区总干事。直到 1964 年才调到学部宗教所，从事基督教研究。他与赵朴初、赵紫宸并称为中国大陆宗教学"三赵"。

从神学专业毕业后做牧师本来顺理成章，可作为早年接受马克思主义，加入共产党的人来说就不一般了。

新中国成立伊始，政府便开始着手对国内的基督教教会进行社会主义改造。1950 年 7 月，由吴耀宗等 40 名基督教人士联名发表《中国基督教在新中国建设中努力的途径》公开信，即后来被称之为《三自宣言》，赵复三是发起人之一。

1954 年，宗教界开展了"三自爱国运动"。"三自"这个想法早在十九世纪末就已经被提出，意在脱离西方的管辖，由中国人独立自主办教会。然而 1954 年搞的"三自爱国运动"，却隐含了服从党的领导这一层意思。在"三自爱国运动"引发的争论中，这个附加含义是矛盾的焦点。很多原本真实实行三自原则的教会领袖，如王明道等，都是因为反对这种由政府控制的三自教会而入狱。因此，"三自"这个词在使用中往往带有弦外之音，远超过其字面意思。

现在想来，一个人长年以双重身份生活。对外的公开身份是牧师，为信徒传经讲道；对内却以党员身份，为某一无神论政党做统战工作。他心里是否纠结？牧师在教会的言谈举止都以上帝之名，讲道结束时要说一句："奉主耶稣基督的名"。他的内心会不会挣扎？或许

作曲家瞿希贤

他1964年调到学部宗教所搞研究，就是这一纠结、挣扎的结果？

当年赵复三伯伯从干校回到北京，之所以住在学部大院儿，是因为他跟妻子离婚了，没地方住。他的前妻是著名作曲家瞿希贤。

瞿希贤这个名字对现在的年轻人来说很陌生，然而我们这些"生在新社会、长在红旗下"的五〇后，却都会唱由她作曲的那首歌——《听妈妈讲那过去的事情》。"月亮在白莲花般的云朵里穿行，晚风吹来阵阵的歌声。我们坐在高高的谷堆旁边，听妈妈讲那过去的事情……"这优美、妙曼、如泣如诉的旋律，打动了无数少年儿童的心。

而由她谱曲的另一首歌——《全世界无产者联合起来》，更是广为传唱："山连着山，海连着海，全世界无产者联合起来……红日出山临大海，照亮了人类解放的新时代。看旧世界，已经土崩瓦解，穷苦人出头之日已经到来，已经到来！"这首歌气势磅礴，一经推出，便广泛传唱。当时音乐评论家李凌对它赞不绝口，称其为第二首《国际歌》。多少人在这铿锵有力的旋律鼓舞下，激情满怀、热血沸腾，把自己想象成救世主，一心要解放全人类。

瞿希贤1948年毕业于国立上海音专作曲系。在此之前，她曾与赵复三同在上海圣约翰大学就读。年轻时的她思想进步，在新四军留守处加入了共产党，一直做党的地下工作。相同的教育背景、共同的政治理想、使两个人的心逐渐靠拢，毕业后遂结为伉俪，可谓天造地设的一对儿。

　　然而这位早在 1938 年就加入共产党，一心为革命，写过无数红歌的作曲家，却在"文革"爆发后成了革命对象。她被"四人帮"爪牙以莫须有的罪名投入监狱，受尽非人待遇，竟长达 6 年 7 个月。在此期间，她与赵复三离了婚，家就这样散了。

　　"文革"结束后，赵复三获得平反，于上世纪 80 年代升任中国社会科学院主管外事的副院长。他英文水平极高，令很多与他交往的外国学者赞叹不已。1988 年，他作为中国代表，被派驻联合国教科文组织工作。

　　1989 年，发生了举世震惊的"六四事件"。赵复三以中国代表团团长的身份，在巴黎联合国教科文组织会议上表态：反对开枪镇压，并且向受难者致哀。随后，他默默离开了中国代表团，从此流亡欧美。

　　赵复三是当时流亡海外地位最高的中国官员。学者苏炜、严家其撰文记述："赵复三先后居住在比利时、法国，后到美国南部大学任教，退休后定居耶鲁大学附近的幽静社区。多年来深居简出，埋首翻译、著述，有多种译著、文集问世。"

　　他本来已官拜副部级，还是政协常委。只要稍微世故一点儿，可谓"前途无量"。留在国内安享晚年，完全不成问题。然而他却在那关键的历史时刻，做出了令同僚们目瞪口呆的决定。用他自己的话来讲："舍身外，守身内"。这决定对于一个年逾花甲，且功成名就的老人来说是多么

晚年赵复三

的不易!

据赵复三的友人姚琮回忆,在海外流落多年的赵老曾对他说:"我的一生可以分为两段。前一段六十年,是为构筑'理想'而生活的六十年;后一段二十多年,是由于现实的教育,自己拆毁原来的'理想'"。

"文革"结束后,赵复三与瞿希贤先后获得平反,然而他们并没有复婚。当时他们身边的一些朋友,对此感到困惑不解。多年后,赵老在美国跟友人谈起这个问题时解释说:其实从1958年大跃进开始,他就对自己的信仰产生了动摇。可那时妻子还是一如既往地进步,写了一系列革命歌曲。为此,两个人的思想发生了分歧,矛盾越来越尖锐。瞿希贤的被捕入狱,是压倒这段婚姻的最后一根稻草。

作为一个成功的作曲家,瞿希贤晚年对自己一生走过的路,以及谱写的那些"红歌"作了深刻的反思。当她得知大跃进年代,全国饿死几千万人时,感到特别内疚。她说:"我写过不止一首为大跃进鼓劲的歌,心里有一种负罪感!"[1]

2005年,北京音乐厅举办了瞿希贤作品演唱会。当演唱到最后,观众激动地起立,高喊要求唱《全世界无产者联合起来》,她却坚决制止了。她事先要求把这首"代表作"从节目单上撤下来,并跟指挥严良堃打了招呼,绝不唱这支歌。她说:"我举双手反对再唱这首歌。这是在当时政治形势下写的,现在再唱就是误导"。她还特别诚恳地说:"我做的事,我不能赖账!"[2]

---

1 秦西炫:《我所认识的瞿希贤》,《中国艺术报》,2008年7月22日

2 瞿希贤《我做的事,我不能赖账!》,《北方音乐》2008年05期

赵复三与前妻瞿希贤都曾在中共这台"绞肉机"里历尽磨难，丧失尊严，被整治得心灵扭曲，生不如死。到了晚年，他们幡然醒悟，不约而同地对自己的前半生作了深刻地反省，觉今是而昨非。

如日方升

1976 年 10 月，长达 10 年的"文革"终于结束。社会生活逐渐走上正轨，百废待兴。

1977 年 5 月，中国科学院哲学社会科学部正式更名为中国社会科学院。在短短几年间，新成立了工业经济研究所、农业经济研究所、财贸研究所、社会学研究所、少数民族研究所、美国研究所、日本研究所、西欧研究所等 14 个新单位。再加上出版社、杂志社、研究生院，社科院变成了一个科目齐全、规模庞大的人文科学研究机构。

1978 年，国家走上改革开放的康庄大道。那是一个昂扬向上的年代，中国社会科学院处在改革和学术最前沿，云集了一大批思想家、政治家、经济学家……他们在历史所小礼堂举办双周吹风会，各个研究所也常举办小型学术讲座。摆脱了精神桎梏的人们轮番上台，把十年动乱中的思考，毫无禁忌地和盘托出。（文贯中语）

我于 1977 年考上兰州大学外语系，每逢寒暑假回北京探亲，近水楼台，常去旁听各种讲座。为这些学人喷薄而出的思想火花、精妙的推理、以天下为己任的气概所震撼！

印象最深的是在大院儿 1 号楼 3 层，听外国文学研究所专家朱

柳鸣九倚在巴黎圣母院一侧的桥上（摄于1981年）

虹介绍荒诞派戏剧（二战后西方戏剧界最具影响力的流派之一）。她的演讲极其生动、引人入胜。不仅讲述了荒诞派戏剧的诞生与发展过程，还介绍了几位主要作家，以及他们的代表作《等待戈多》《秃头歌女》等。

而朱虹的夫君，同在外文所的著名文学批评家柳鸣九的讲座《重新评价西方现当代文学的几个问题》，更是别有天地。他打破多年思想禁锢，提出20世纪西方文学艺术，无论在规模、分量、深度、价值上，都丝毫不逊于西方古典文学艺术。他大声疾呼："给萨特以历史地位"。多年后，他被誉为"中国萨特研究第一人"。

当时在学部大院儿，人们将朱虹、柳鸣九这对学者夫妇，戏称为"男女混合双打冠军"。

回忆当年蜗居在学部大院儿的那些学者文人，心里五味杂陈。最后引用赵复三先生一段入木三分的话，作为本文的结语："如果要用一个词来描绘20世纪中国知识分子的心路历程，我想不出比'心碎'更恰当的了。心碎是因为：献身以求的理想破灭；内心感受被逼迫承认并不存在的错误，侮辱自己的人格，用自己的手把心灵彻底打碎，在精神上再也站不起来……"

壹嘉·読道书系

出版 壹嘉 版 × 読道社

联合出版